曹操

一个很懂变通的能人

一件件讲透曹操的奸诈计谋，一页页浸透曹操的圣人情怀

李　敬◎著

北京日报出版社

图书在版编目（CIP）数据

曹操：一个很懂变通的能人 / 李敬著. -- 北京：北京日报出版社，2024.8

ISBN 978-7-5477-4921-0

Ⅰ. ①曹… Ⅱ. ①李… Ⅲ. ①曹操（155-220）-生平事迹 Ⅳ. ① K827=342

中国国家版本馆 CIP 数据核字 (2024) 第 063308 号

曹操：一个很懂变通的能人

出版发行： 北京日报出版社

地　　址： 北京市东城区东单三条 8-16 号东方广场东配楼四层

邮　　编： 100005

电　　话： 发行部：（010）65255876

总编室：（010）65252135

印　　刷： 北京君达艺彩科技发展有限公司

经　　销： 各地新华书店

版　　次： 2024 年 8 月第 1 版

2024 年 8 月第 1 次印刷

开　　本： 710 mm × 1000 mm　1/16

印　　张： 14

字　　数： 180 千字

定　　价： 68.00 元

自　序

在中国历史上，曹操始终是一个备受争议的人物。千百年来，人们对他的评价可谓大相径庭：夸他的人，说他是“治世之能臣”；贬他的人，说他是“乱世之奸雄”。不过有一点是可以肯定的，曹操凭借其文治武功在群雄并起的三国时代，成为一位耀眼的明星，并照耀了无数后来者。鲁迅先生认为他“至少是一个英雄”，易中天教授则断言他是一个“可爱的奸雄”。

东汉末年宦官专权、群雄并起。曹操虽生逢乱世，却能运筹帷幄，凭借超人的军事谋略南征北战，征张绣、讨袁术、伐吕布、克袁绍、征乌桓、平西凉，战功赫赫，为天下统一做出了重要的贡献。此外，他还为《孙子兵法》作注，并著有兵书十余万言。

政治上，曹操“挟天子以令诸侯”，表现出高超的政治智慧，在乱世中为自己找到了行动的法理依据。此外，他重视权力而非虚名，即使大权在握却至死不称帝，这是他护权的机变之道。比起袁术等人为一块玉玺争得你死我活，曹操不知要高明多少倍。

为了奠定坚实的物质基础，曹操大力推行“屯田”制度，抑制土地兼并，兴修水利。这些有效的举措不仅使汉末的农业、经济得到了恢复和发展，而且很多做法都被后世沿用。

文采出众，是曹操的又一优势。他不但留下了《短歌行》、《观沧海》等名篇，抒发自己的政治抱负，反映汉末人民的苦难生活，而且影响了曹丕、曹植。父子三人闪耀当时文坛，更因文学成就被后人尊称为“三曹”。作为建安文学的代表人物，曹操以诗言志，开创了一代文风。

……

这就是曹操，一位历史上难得一见的有热情、有魄力、有创意的政治改革家，一位敢于身先士卒、勇于挑战的军事家，一位杰出的文学家和诗人，堪称文武全才。一代伟人毛泽东也对他赞叹不已，并留下了“魏武挥鞭，东临碣石有遗篇”的诗句，足见英雄惺惺相惜之情。

曹操能在乱世中起家、崛起，而后成就一代霸业，必定有他的过人之处。这是他的魅力所在。从根本上说，曹操的成功得益于他的非凡胆量、果断性格、足智多谋和随机应变。步入仕途后，他在董卓手下谋事，却不甘心臣服于其淫威之下，果断地与各路诸侯一起讨伐董卓，这的确需要非凡的胆量。做任何事绝不拖泥带水，想到必行，这种做事风格是曹操打下江山的必要条件。

曹操一生坎坷多变，有成就大业的野心和不懈奋斗的精神。有远大抱负的人，一般都会遇到很多不如意和考验。在很多时候，他们需要向现实暂且低头，积聚足够的力量后才能再真正抬起头。曹操善于根据形势衡量利弊、能屈能伸，勇于接受考验和历练，始终保持乐观、积极的心态，最终成功地驾驭自己的人生。

巨变时代要有成就大事的长远眼光。人生在世，凡目光短浅者，终究是走一步看一步，前途一片渺茫；有超前意识者，终会成为超越常人的成功人士。曹操雄才大略，纵观全局，大事上不糊涂、小事上不松懈，一步步实现了自己的目标，成就了千古霸业。

此外，曹操一生足智多谋、善于盘算，并且不喜形于色、不露一点痕迹，成为应对世事变幻的高段位“棋手”。曹操的雄才大略远在刘备、孙权之上，即使诸葛亮也无法超越。在很多时候，他既有狐狸的机警，又有老虎的威猛。为了实现人生目标，他可以无所不用其极，显示了他性格中的凶狠本色。人们称曹操为“奸雄”，确有一定道理。

成大事者，绝不能纸上谈兵，任何事若只停留在想法上而不付诸行动，只能是空中楼阁。想法的实现只能依靠果断踏实的行动。三国局势风云变幻，但无论面对胜局、败局，曹操都积极奋进，勇往直前。他对成功的理解就是不懈追求，并在《龟虽寿》中发出了“烈士暮年，壮心不已”的慨叹。这就是曹操给我们的启示。

“智者胜于算，敏者胜于计。”曹操既有聪慧的天资，又有不羁的性格，更善于借力用力，打造了一支勇猛善战的“曹家军”，再加上果断的行动，他的人生若不精彩、不辉煌，是没有道理的。

本书以曹操丰富多彩的人生经历为主线，描述了他成就争霸大业的谋略，其中既有鞭辟入里的分析，也有精准到位的解读。通过本书，我们不仅能够清晰地了解曹操这位历史风云人物成大事的情商、谋略和手腕，而且能从中获得有益的启示，从而以之为鉴，为自己的人生注入前进的动力和智慧。

人与人之间的较量，其实就是心智与心智的较量，而人生的意义在于不懈奋斗、不断超越自我。一位成就大事的英雄，必须树立远大的志向，处理各种复杂的关系，善于发掘人才的潜能，懂得随机应变之道，从而担负起自己的使命，在痛苦的磨炼中竭尽全力，直到迎接一个个跨越巅峰的欣喜。

大丈夫立于世间，总该留下自己的足迹。如果不能被世人铭记，那么起码要在有生之年奋发而为，如此才能不辜负青春，不留太多遗憾。每个有梦想的人都应该认真读读这本书，每个渴望建功立业的人都应该仔细品味曹操的人生。

目　录

第 1 章

年少不羁，大志天成

——立志践行才会有不一样的人生

第2章

乱世起家，政坛新锐

——官场、江湖，处处都是连环套

第3章

挟持天子，以令诸侯

——看清局势才会有更多胜算

第 4 章

官渡风云，英雄立业

——从此有了跟天下叫板的资本

第 5 章

赤壁鏖战，成王败寇

——终极的王霸之道是“忍术”

第 6 章

三足鼎立，攻守兼备

——成大事必须有超常思维

第 7 章

黑白并举，驭人有术

——学会驭人之道才能留住人才

第1章

年少不羁，大志天成

——立志践行才会有不一样的人生

动乱的东汉末年，对于千万黔首百姓来讲，是最糟的时代；但对于曹操来讲，却是大好的时机。乱世，是孕育英雄的土壤，这样一个纷乱的时代给有抱负、有能力的英雄提供的发展机遇，是治世不可相比的。

1. 疏狂的少年时代

沧海横流，方显英雄本色。风云激荡的三国时代，正是这样一块孕育英雄的沃土，文武齐集，构成了后汉历史灿烂的星空。而在可举出的一长串人名中，有一人却备受争议，他的真实面貌正如他身后留下的七十二疑冢一样，犹如水中之月、镜中之花，模糊不清，他就是曹操。

中国的纪传体史书在为历史人物立传时，总喜欢从先祖说起，曹操也不例外。为了抬高“魏武帝”（曹丕篡汉后追封）的身价，后世史家给他附会了一个较为著名的先祖——西汉的开国功臣曹参。

这显然是明知故错，因为曹操的本姓根本不是曹，而是夏侯，只是因为他父亲曹嵩被过继给大宦官曹腾做养子，才改姓曹。当然，这是史家一贯喜欢采用的手段，即便是就曹操的本姓夏侯而言，他们也可以把这个“夏侯操”的先祖附会给西汉另一位开国大将滕公夏侯婴（曹操的族中兄弟夏侯惇的先祖“相传”正是此人）。

我们无意褒贬史家的这种笔法，只是想讲述这样一个事实：曹操的出身，明里是兴汉将相之后，而实际上仅仅是宦官之家。今天看来英雄不问出处，但在当时，出身问题却是个实实在在的大问题，很有可能成为政敌攻讦的口实之一。曹操一生中因为出身挨骂的例子就不胜枚举，最著名的就是官渡之战前袁绍的笔杆子陈琳的那篇檄文，骂曹操的祖父曹腾是“饕餮放横，伤化虐民”，父亲曹嵩“乞丐携养，因赃假位”。相传这“千古一骂”还曾经治好了曹操的头疼病。

曹操的出身不好，但家境很好。“养祖父”曹腾官至中常侍、大长秋，虽说是宦官出身，却做到了工资两千石（和九卿相同）的“省部级”高官。父亲更厉害，做到了三公之一的太尉，大汉朝廷的武装部队总司令。有人说这官是花巨资买来的，足见曹家绝对是富可敌国。

有钱人往往就不是有闲人。曹总司令似乎在拼命赚钱和做官之外，很少有时间管教家里这位曹公子。曹操也就和传统的纨绔子弟一样，顽劣异常，好勇斗狠，喜欢飞鹰走狗，四处游荡，什么都玩，什么都好，就是不好学习。物以类聚、人以群分，这样的曹公子倒有不少年龄相当的好哥们儿，如袁绍、张邈等等。

如果说一个淘气孩子惹的事是 1 的话，那么十个淘气孩子一起惹的事情绝对不会是 10，可能是 100 或者 1000。袁、曹这哥儿几个就是这样一群孩子。《世说新语》中有这样一个故事：有一次，这哥儿几个去参加别人的婚礼，喝完喜酒没事干了，就想着来一出恶作剧“闹闹洞房”。婚宴刚结束，突然有人大喊：“有贼！”结果办婚宴的这家人个个嫉恶如仇，连来道贺的带新郎呼呼啦啦全追出去抓贼了，但“贼”真正要偷的“东西”留在家里了。

是什么呢？想想啊，新娘子穿着礼服、盖着盖头不能去抓贼啊！于是，曹操他们几个人轻而易举地就把新娘子偷了出来。眼看这一出调虎离山计就要完美成功，结果出事了，撤退路线没选好，天黑路窄，袁绍掉进了荆棘丛，出不来了。

这可麻烦了，眼看被调走的“虎”马上就要杀回来了，可袁绍就是拽不出来。这会儿曹操可急了，进退两难：留这儿救袁绍吧，保不准让追兵给一锅端了；自己跑吧，仗义不仗义的先不说，看这袁绍可能不太仗义，他要被捕了估计不用上老虎凳就能把自己供出来。

天才的灵感往往是一瞬间的，更可能出现在紧要关头。出于对袁绍的不信任，必须把他弄出来，凭外力看来是不行了，还得看他自己。于是乎曹操高喊：“偷儿在此！”这话可把袁绍吓坏了，“你个该死的曹阿瞒，不救我便罢，还想当污点证人出卖我”。这一使狠劲，袁绍出来了，看了曹操一眼，毕竟这位后来的袁大将军也不是笨人，顿时心领神会，俩人扔下新娘，撒腿跑了。

年少轻狂，青少年时代的曹操，正是在偷新娘这种“激情燃烧的岁月”中一天天成长起来的。《三国志》称年少的曹操“少机警，有权数，而任侠放荡，不治行业”。这几句记载是中肯的，但之后的“世人未之奇也”就有待商榷了，这样的孩子肯定不是平常人啊！做贼时的调虎离山，天才的运筹家；撤退时的巧妙激将，可谓卓越的谋略家；当然也是一个实干家。偷新娘这种事他说干就干，还真敢干。这一切，都已让他有了撑持将倾大汉的那位奸雄的影子。

有实干，也有巧干，就是不正干。这样一个曹操虽然饱受袁绍、袁术、张邈这些哥们儿的推崇和喜爱，但一定是不被家长容忍的。“高瞻远瞩”的家长们往往认为这样的孩子会走上歪路，必须马上把他拉回正轨。小树得砍，孩子得管，孩子的人生总要有人来扶正，曹家毕竟也是书香大族，管教曹操的人来了。

这个人，就是曹操的叔父。父亲很忙没时间，叔父却总是时不时地对阿瞒敲打几句，并向兄长告状，年少不羁的曹操因此也对这位多管闲事的叔父怀恨在心。有一次，曹操装作口歪眼斜躺在床上。叔父看见了，赶忙跑去告诉他父亲曹嵩：“不好了，这孩子搞不好像是中风了！”可当父亲到来时，却并未看见曹操有任何症状，大惑不解。曹操就趁此机会煽风点火，“我这叔父历来看我是不顺眼的，您看这次……”搞得曹操的父亲再也不相信叔父的“告状”了。

这就是年少的曹操，放浪不羁，却聪明异常。其实，小孩子先天的聪明自然是好的，但若无后天的培养和努力，也会变成一块无用的材料。小时候所谓的“坏孩子”长大也未必会一事无成，谁能想到少年放荡的曹操会成为后来的一代英豪呢。

成功之道

淘出创造力

俗话说：淘小子，出好的；淘丫头，出巧的。有些孩子在他们的孩提时代拥有即使是成名的艺术大家也难以望其项背的想象力和创造力。这些“力”多会表现为一些让家长们叫苦不迭的淘气、玩闹，乃至恶作剧，少年时代的曹操就是这样。但是，当家长忍无可忍要因此大动干戈地教训孩子的时候，应该做一下这样的判断：孩子的淘气是不是超越了某些道德和行为准则的底线。如果没有，请勿动刀兵。因为创造力太可贵了，而在孩提时对此进行扼杀带来的损失几乎是不可逆的。

2. 该露锋芒的时候，别隐藏

该藏则藏，该露则露，一直以来被世人认为是处世的最高境界。做人最聪明的方法就是不要锋芒太露，然而事实并非如此。因此，一旦你施展才华、大露锋芒就能够一举成名时，千万不要吝啬，应把所有的技能展现出来，使自己脱颖而出，此时他人再生嫉妒心也没有任何意义了。

少年曹操因为顽劣异常，不治学业，因而“世人未之奇也”，没有太多人看好他，大部分人都认为这小子是曹家新上市的“垃圾股”。但也有一些人认为这样一个聪明异常的孩子一旦上道，将会是一只前途远大的“潜力股”。持第二种观点的有两人，他们应该算是最早看出曹操具有千里马潜质的伯乐。

一个是当时有侠名的党锢中人何颙，估计他是看中了少年曹操身上那股不羁的气质而将其引为同道。另一个则是东汉末年的名士桥玄，也有人称作乔玄，此人就是《三国演义》中大乔、小乔的父亲，也就是孙策、周瑜的岳丈乔国老的原型。青年时代籍籍无名的曹操曾经拜望过这位老前辈。交谈过后，桥公对眼前的这位年轻人颇为赞赏，对他说：“天下就要大乱了，今后能够让人民重归安乐的人，非你曹孟德莫属啊！”得到有“知人”之名的桥玄的称赞，曹操顿时身价倍增。而桥玄对青年曹操的帮助，也并不仅仅限于“背书”一途，更要把这个被自己视为未来大汉擎天柱的栋梁之才进行一番精美包装，隆重推荐给朝廷。

因此，桥玄推荐曹操这个忘年交小朋友去见另一个人，当时以品评人物而闻名于天下的许劭。他同从兄许靖主持了一档在当时影响极大的“节目”，叫作“月旦评”，即每个月对当时朝廷内外的人物进行品评。而“月旦评”的意见常能达于天听，被当政者采纳。桥玄的目的正在于此，力图以许劭的点评为曹操铺就一条通往政坛的高速公路。

于是，踌躇满志的曹操沐浴熏香，备上厚礼，拿着桥大人的推荐信，兴冲冲地前去拜望鼎鼎大名的许劭。不料，这许先生不知什么原因，就是不愿给桥大人面子，让曹操在许府一而再、再而三地吃闭门羹。这可是让正在弱冠之年、血气方刚的曹操恼火非常，不禁又使出他原本就擅长的“非常手段”，找个机会抓住了惜字如金的许先生，硬是逼出来一句考语。而此语一出，让两个人全都名声大噪。这句考语的原话是：“清平之奸贼，乱世之英雄。”而让许劭名垂后世的却是原话的“改编版”——“治世之能臣，乱世之奸雄”。

本想借着许劭出名的曹操，却阴差阳错地让许劭出了一回大名。许先生当年这句被“逼”出来的考语，成为后世史书评价曹操的不二之词。

我们今天已经很难分析许劭在曹操非常手段的威逼下说出的这句点评有多少出自真心，但有一点可以确定，原本十年“玩闹”无人问的曹操，靠着这句评语尽人皆知了。有了桥玄、许劭这种“舆论领袖”的引导，一些原本“唱衰”曹操的人也加入了为他摇旗呐喊的队伍。这时的曹操，火了，而且是炙手可热。

历史证明，舆论的力量总是不可忽视的。很快，大汉朝廷向曹操抛出了橄榄枝。汉灵帝熹平三年（公元 174 年），二十岁的曹操被举为孝廉，担任相当于皇帝秘书的郎官，之后又出任洛阳北部尉（公安局局长），负责京畿的治安工作。在当时看来，初入仕途的曹操就已经走上了通往权力中心的康庄大道，但就在这时，曹操惹事了。

新官上任三把火，再加上年轻的“曹局长”本就要大展宏图地干一番事业，于是决定在他主管的一亩三分地大力整治一番。具体措施包括：严格审查出入京城的人员物品，施行“宵禁令”，晚间不得夜行等等。不仅立法严格，而且要严厉执法。曹操发明制作了五色大棒，悬挂于官府，明告所有人，违令者立毙杖下，逢亲不避，遇功无赦，一副铁面无私的青天架势。

后人往往崇拜青天，其实不只因为他们可敬，更因为他们可贵。就拿这时候的曹操来讲吧，虽说是制作了五色棒要棒打一切犯禁者，然而这太难了。想想看曹操的官职是什么——洛阳北部尉，京城的公安局局长（或者说主管治安的副县长）。这官职是什么地位呢？它是朝廷的地方官，这种官其实最难做了。为什么呢？很简单，因为曹操要管的人都比他官大！京畿之地，即便是老百姓，也指不定跟哪个衙门沾着亲，和哪个王府带着故呢，都惹不起啊。初入官场，万一得罪了哪府的大员，误了前途，也犯不上啊！当然，这是我们在替曹操担忧，而很快曹操就证明我们是杞人忧天了：他，并没有这种担忧。

一日，灵帝宠信的大宦官，有的史书记载是祸乱天下的十常侍之一蹇硕的叔叔喝醉了，想要夜间出城，正巧犯了曹操新颁布的“宵禁令”，被正在带队巡查的“曹局长”逮了个正着，押送官府。其间蹇叔进行了激烈的申诉，用雄辩的口才讲述着这样一个事实：我是中常侍（宦官名）蹇硕的亲叔叔，有蹇硕在，你不能罚我。而公诉方“曹局长”也不遑多让，唇枪舌剑中也论证了这样一个道理：即使你是蹇硕的亲叔叔，王法也一定要杀你。

最后的结果：公诉方驳回被告申诉，依法判处棒刑，立即执行。第二日，蹇叔被拉到热闹的洛阳北门，在众人注视之下被打死在五色棒下。

仔细研究本次死刑的执行，其实是有些蹊跷的。为什么偏偏把行刑日选在第二天呢？看似不寻常的举动背后总有深层的原因，那就是当晚公诉方曹操心中真实的想法和对蹇叔所述观点之间那段主客观感情色彩间的微妙距离。

当日曹操所讲的是：即使你是蹇硕的亲叔叔，王法也一定要杀你。行为主体——王法，客观。

当日曹操所想的是：正因你是蹇硕的亲叔叔，我曹操才（退一步讲也是“更”）一定要杀你。行为主体——曹操，主观。

长大后的曹操，仍保留着儿时偷新娘的心计权术，这次又拿出来涮了蹇硕一把。抓了蹇叔，一定要杀，还一定要当众杀，不当众杀不足以立威；而且一定要赶快当众杀，不能给蹇硕以活动运作的时间。经过多方面考虑，行刑时间被确定在了逮捕蹇叔的第二天。这一天，蹇硕救叔鞭长莫及；这一天，“曹青天”誉满京都。

一个初入仕途的毛头小子，戏弄了一个久经沉浮的当红宦官，结果是宦官集团很生气：太监的孙子打死了太监的叔叔，这不是大水冲了龙王庙？怎么曹腾（曹操养祖父，大宦官）家竟出了叛逆！后果很严重：调令来了，“曹局长”要放外任了。

有些时候，通过合适的机会向人展露一下自己的才能并不是一件坏事。成功的人往往擅长的就是审时度势，锋芒该露时绝不含糊，能够勇敢地明确自己的立场和目标，做自己认为可行的决定。并付诸行动，这样不至于处于被动，也能够掌控局面，做自己的主人。

成功之道

出名要趁早

孔子的弟子常常感叹“不吾知也”，今天的年轻人也经常慨叹

"空负凌云万丈才，一生襟抱未曾开"，总是幻想着明主"三顾茅庐"，然后直接"书生拜大将"，这基本近乎于天方夜谭。要知道，刘备的三顾茅庐也是事先经过司马徽、徐庶等人的推荐，而你如果不搞出点动静，做出点名气，明主就是想访贤也无处寻觅。年纪轻轻的就世故老成、藏拙自保，最后只能把中庸诠释为平庸。要成功，就要学曹操：露锋芒、别隐藏，出名要趁早。

3. 不当“孙子”，怎么学“兵法”

在变幻莫测的政治斗争中，每个人的情形时刻都有改变的可能，或是高山峰巅或是万丈深渊。若不想在强烈的反差中被困难挫折击倒，就要能够在不利的条件下忍气吞声、委曲求全，以求东山再起、重振雄风。

上文提到，担任洛阳北部尉的曹操因为棒杀蹇叔事件得罪了当时在大汉朝廷中呼风唤雨的宦官集团，已很难在朝中立足，做好了一切准备为自己的“冲动”买单，随时准备卷铺盖走人。不久，一纸调令发到了“曹局长”府上：升顿丘令，即由副县级升为正县级干部，由专职管理治安工作的二把手升为抓全面工作的一把手。

这着实有些令人费解，怎么得罪人还得罪出好处来了？其实这步升迁也要归功于曹操本人，也就是要归功于他的杀人行为：因为他是明着杀的，还是大张旗鼓杀的。这是怎么说？就从宦官集团说起，他们虽然权倾天下，却是臭名昭著。不但文武百官、黔首百姓这么看，连他们自己也有自知之明。曹操那轰动京师的一杀虽然恨得宦官集团咬牙切齿，却令大多数人大快人心。加上曹操在洛阳北部尉任上恪尽职守，丝毫没有把柄可抓，蹇硕等人只好暂退一步，将这位曹青天放到地方任县令，采取“明升暗降”的方式把他赶出京城了事。

正当曹操卧薪尝胆，准备在地方一展拳脚的时候，他“有幸”又被

“升官”了，还是回朝廷去。这次他被任命为议郎，是地地道道的闲差，大致相当于现在的调研员。

正当宦官集团痛快地看着冤家对头曹操在闲差上蹉跎岁月、自生自灭的时候，他们自己又把机会送到了曹操面前。

汉灵帝中平元年（公元 184 年），由于大汉王朝长期以来的外戚、宦官专权搞得百姓民不聊生、哀鸿遍野，爆发了浩浩荡荡的黄巾大起义。巨鹿农民张角创立太平道的宗教形式，经过多年的蛊惑煽动，以“苍天已死，黄天当立，岁在甲子，天下大吉”作为口号揭竿起义，公然对抗大汉朝廷。黄巾军划分为三十六方，各设统帅，由张角统一指挥，势力发展至青、徐、幽、冀、荆、扬、兖、豫八州，大汉王朝顿时陷于风雨飘摇之中。

黄巾起义的兵火使本就困苦的人民变得更加困窘。而对于曹操来讲，这却是个最好的机遇，正是因为烽火连天的时局，本已“提前退休”的曹调研员有了一次入职军旅、建功立业的机会。后来证明，正是这次机会，让已近而立之年的曹操首次见识了“枪杆子”的威力，这是上天赐给曹操最宝贵的机会。

面对汹汹而来的黄巾洪水，原本一手遮天的宦官集团一筹莫展，而以大将军何进为首的外戚集团肩负起了率兵平叛的重任。这时的大汉王朝也只能如此，毕竟何进同张让这帮宦官相比，至少还有些军旅背景（何进以前是杀猪的，妹妹嫁给灵帝成了皇后）。这位何大将军临危受命，点将发兵，分路剿除黄巾军。

在何进的点将名单中，有曹操的名字。我们可以揣测一下何进征募曹操的想法：在政治上，本着“敌人的敌人就是我们的朋友”的原则，认为被己方政敌宦官集团排挤的曹操应该是自己一党；而在专业（军事）上，除了是前总司令（太尉）曹嵩之子，曹操自己在青年时代也曾经显示出某些军事之才，比如说好打群架，好走狗斗鸡。不管是出于哪种考虑吧，总之，原本长期在朝廷内玩“笔杆子”的曹操要玩“枪杆子”了。

这次曹操的官职是骑都尉。都尉是低于将军的一级武官，在古代，将军的标准定义是万人将，而骑都尉曹操所领的兵马，有的书上说是五千骑兵，放在今天应该是营团级干部。官职并不高，但对于初入军旅的曹操来讲，此次出征确实是一个天赐良机。因为他不但有机会接触军事，更有机会亲身学习军事、实践军事。曹操这次的老师，是当时较有名的两位将领——日后官至太尉的皇甫嵩和朱儁。

平叛初期，黄巾军声势浩大，战斗力远在官军之上。平叛军北路的卢植和南路的皇甫嵩、朱儁双双为黄巾军所败。卢植因遭诬陷被罢官；南路两帅也因作战不利，双双被黄巾军重兵包围于长社。而在这时，骑都尉曹操率所部前往长社助战解围。当曹操率兵马到达时，发现自己的任务已经无法完成了，原因是：长社城已经解围，不但解了围，围城的黄巾军还阵脚大乱。面对这一幕，曹操也顾不上纳闷了，挥军掩杀过去，轻松斩敌无数。

就这样，曹操受益匪浅地上完了他的第一堂军事课。这节课的具体内容如下：

一日，被围长社城内的皇甫嵩登上城楼察看敌情，亲见对手黄巾军的“农民本色”：不但武器以锄头、钉耙为主，包括他们结下的营垒，也是乡间的茅草屋一路。于是，夜黑风高，火光染红了那晚长社的天空。接下来，就是曹操赶到时看到的那一幕……

历史总是让人捉摸不透。曹操对自己人生的首节（重要的）军事课——火攻，理解极为深刻，在他一生的军旅生涯中曾无数次以此计赢得胜利，却也曾一次次被对手以此计击败。可以说是“成也大火，败也大火”啊。

由于皇甫嵩、朱儁的南路汉军主力和曹操率领的偏师在长社一战并力合作，杀敌无数，引发了全国战局的“蝴蝶效应”，朝廷整体的平叛形势有了明显好转。长社战后，朱儁留在南方扫荡残敌；皇甫嵩则挥兵北上，协助作战不力的北路军继任统帅董卓（代卢植者），进逼张角兄弟亲自率领的北方黄巾军主力。

就在这一年，张角病死，其兄弟张宝、张梁兵败被杀，黄巾之乱平息。

就在这一年，平定黄巾军有功的曹操再次升迁，成为职同郡守的济南相。

在乱世中，想要混好人生，应不问结果而求过程。在屈伸之间，伸是最终目的，屈为伸而服务。只伸不屈，就会撞得头破血流；只屈不伸，则又无作用无意义，到最后只能窝窝囊囊地活着。因此，无论承受多大的委屈，都要能屈能伸，才能杀出一条血路来。

成功之道

能屈能伸也是一门学问

人生不如意事十之八九。人生本来就是坎坷多变的，谁都会遇到困难和考验。需要低头时，我们只能选择低下头暂时忍受，在这个过程中积聚足够的力量，等到机会降临的时候再奋力崛起。所以，我们要在该屈时就屈，能伸时则伸。在积蓄力量等待时机的过程中，我们要始终保持一种“空杯”心态，不断学习和积累经验。对于处在起步阶段的创业者来说，这一点尤为重要。

4. 傲然独立，自信的男人更容易成功

自信的男人，在任何时候所表现出来的对万分之一可能性的执着，都会让人吃惊。正是这种不放弃一点点机会的秉性，才使他们傲视群雄，成为强者。对于一个有志于成就大事的男人来说，不放弃任何可能的机会，才是最明智的选择。

而立之年的曹操因平定黄巾军有功，升任相当于郡守的济南相。这位青年才俊的仕途可以说是峰回路转，一跃成为独当一面的地方大员，好不得意。初到济南的曹操踌躇满志，决心把这块刚刚经历黄巾兵祸的地方治理成为人人安居的乐土。

正当曹操要在济南大展拳脚的时候，他才惊奇地发现：事实上他根本无从施展！这又是为什么呢？

这要从两汉的地方官制说起。汉承秦制，两汉继续沿用秦始皇统一中国时的郡县制：郡直属中央，长官叫作郡守；郡下设县，长官叫作县令或县长。但是，高祖刘邦在完成西进灭秦和战胜项羽这两件建国大业时，其他一些诸侯和韩信、彭越等战功卓著的大将裂土封王，建立国中之国。西汉初年，刘邦利用各种手段，先后削平各异姓诸侯王，但这些原本的诸侯

领地很难重新设立郡县，只得分封刘姓子侄继续为王。大汉王朝事实上形成了“一国两制”的地方官制——封国制和郡县制并行。

刘邦驾崩后吕氏专权，刘邦长子刘肥的长子刘襄和次子刘章在平定“诸吕之乱”中充当急先锋。但很遗憾的是，由于俩兄弟表现太过于威猛，军功集团的大佬们觉得他们也不是什么善茬，更担心外戚势力卷土重来，因此推选了薄姬所生、性格比较温和的刘恒当了皇帝，即汉文帝。汉文帝虽然因为知道刘章曾拥立兄长齐王刘襄即帝位而心中不快，但也不能无视他的功劳，只封他为城阳王，治理中心在济南、青州一带。然而在汉文帝登基的第二年，先是刘章病逝了，紧接着，齐王刘襄也离世了。

虽然刘章就这么英年早逝了，但封地的百姓对刘章还是非常拥戴的，修建祠堂告慰他的在天之灵。而民间也流传“刘章显灵”的说法，这种说法越传越大，当地开始大肆修建刘章祠堂以求保佑。到了数百年后的东汉末年，当地的刘章祠堂竟高达六百多座！而这些祠堂，又为当地邪教——“天龙教”所用，成为他们散布异端邪说的“根据地”。当地官员也借修祠堂、行祭祀来搜刮民财。

曹操供职的济南正是过去刘章的封国所在，眼见这些刘章祠堂被邪恶势力利用，曹操快刀斩乱麻，直入主题，以一套眼花缭乱的组合拳闪电式地完成了移风易俗的“运动”：

（1）颁布禁令，取缔一切与天龙教有关的邪教活动。

（2）鉴于天龙教诸人并未遵行第一条禁令，缉拿主犯，当众斩首。

（3）拆毁焚烧“违建”祠堂，将天龙教不法所得物归原主。

（4）有求情者是为同谋，斩首。

以上四条彻底打懵了“天龙教”，横行的暴徒跑了。曹操接任不久，济南从官风到民风都骤然一变、秩序井然，百姓安居乐业，众口齐夸曹孟德。与曹操治下济南的清平盛世正相反，此时的朝廷是一塌糊涂。黄巾起义的烽烟刚刚平息，汉灵帝却更变本加厉地荒疏朝政，纵情声色。在这种情况下，谁接近不安心“工作”的皇帝，谁就能代替他发号施令。于是，朝政又重归宦官集团手中。许多正直的大臣实在看不得群丑横行、肆虐大汉，想起了“邦有道则智，邦无道则愚”的古训，纷纷辞官，退而“独善其身”去了。

正在这政治“退”潮成为主流的时候，身在济南的曹操再次接到任职命令，还是升官，这次是真正独当一面的东郡太守。但历经十余载宦海漂泊的曹操已经不是那个初入江湖的毛头小子了，这次他称病回乡，以退为进。

做人最可贵的品质是自信。相信自己的实力，相信自己的智慧，遇到强手不气馁、不怯阵、不手软，而是敢于对敌、敢于出手，从气势上震慑对手，从狠劲上占据优势，才可以获得生机，取得最后的胜利。

成功之道

正者无敌

毛泽东主席曾说：“一切反动派都是纸老虎。”有时，邪恶的力量看似占据上风，正义的一方看似无计可施，而一旦真正的交锋开始，形势往往会发生雪崩似的逆转。因为从原始动物的搏斗到人类的战争，举凡争斗，其对象其实都是自己。如果你代表不义的一方，那么你很难战胜自己，其时，你很脆弱。而如果你代表正义，那么你只需做一件事：战而胜之！其时，你很强大。

5. 男人有所“不为”才能大有“所为”

男人一生中要经历无数纷纷杂杂的事情，只有审时度势，找准自身定位，有所为有所不为，才能有的放矢，让自己立于不败之地。

在济南相任上政绩卓越的曹操，却拒绝了进一步升迁为东郡太守，毅然辞官归乡，这到底是为什么呢？因为在此时，大汉中央政权不但病入膏肓，而且已成为一个巨大的火药桶，仅需一根小小的导火线就能让任何身处其中的人都难以幸免。这就是曹操对朝局做出的判断。

事实证明，曹操的判断准确无误。在黄巾军主力刚刚被剿除，余党仍然到处肆虐的时候，摇摇欲坠的大汉王朝内部又爆发了两次叛乱。

第一次是王芬废立事件。冀州刺史王芬联合朝中大臣许攸、周旌等人，密谋废黜只知宠幸宦官、自己却“不作为”的汉灵帝，另立刘姓皇室的合肥侯为帝，以改变朝政混乱的局面。据说他们在起事之前也曾邀请此时赋闲在家的曹操“共谋大事”，但遭到了明确的拒绝。曹操的理由很简单：虽然现在的皇帝确实昏庸无能，但废立皇帝自古以来就被视为最不祥的事，尤其不应该由臣下来做。我们应该做的只能是恪守本分，对皇帝多加劝导，相信皇帝是能够转变的。

曹操甚至对王芬等人要做的这件事的结局做出了预测。诸位想想看，景帝朝的吴楚七国之乱时，吴王刘濞的地位是何等之高（当时皇帝的叔叔），七国的势力是何等雄壮，不也被平定了吗？今天的你们能和当时的吴楚七国相比吗？你们要立的合肥侯有吴王刘濞尊贵吗？硬要行废立，不也注定会失败吗？

但王芬等人心意已决，并没有听从曹操的劝告。结果许攸潜逃，王芬自杀，废立之事以失败告终。

另一次是西北的金城（今甘肃省境内）叛乱。当地豪强边章、韩遂聚众反叛，杀了当地的刺史、太守等地方官，拥兵十余万，与中央政府分庭抗礼，汉朝面临着黄巾起义后的又一次兵灾。西部多羌族部落，居民好勇斗狠，叛军的战斗力之强，远非农民出身的黄巾军一般的乌合之众可比。西部的叛乱比黄巾起义来势更猛，也更令政府难以招架。

面对来势汹汹的叛乱，政府无奈，只好在首都洛阳招募精壮，组织一支类似禁军的精锐部队，叫作“西园军”。“西园军”的首领是曹操的老熟人——大宦官蹇硕，由他出任上军校尉；任职蹇硕副手的是曹操的发小，出身公侯之家的中军校尉袁绍；包括曹操在内的其余六员将领，也皆是仕宦出身的青年将领。八人被史家称为“西园八校尉”。从某种意义上讲，八人统领的这支精锐新军将决定大汉王朝未来的命运。

但是，这样一支为平叛而建的精锐，在史料中却找不到东征黄巾余党和西平西羌叛乱的任何记录。这支原本的“野战军”却惊异地趴在首都洛阳不动了，成了拱卫首都、维护治安的卫戍部队，这又是哪里出了问题呢？

这还要说到东汉末年士人集团（也可以叫作外戚集团）与宦官集团的党争。新建的西园军，正是这种政治斗争的产物。此时的斗争已近白热化，双方都想掌控这支武装，置对手于死地。一场争夺军权的大戏就这样在灵帝朝末期上演了。

西园军名义上的最高领导（上军校尉）蹇硕是宦官集团的一员，但包括袁绍、曹操在内的其他七名校尉却全部倾向于以何进为首的士人集团。加之宦官出身的蹇硕并没有军旅战阵之才，西园军的实际控制权握在了大将军何进的手中。

这时，一生“兢兢业业”汉灵帝走完了短暂的一生，大将军何进的亲外甥、仅有十七岁的刘辩即位，是为少帝，何进的妹妹何太后临朝主政。何进、袁绍等人对皇帝的崩逝“大喜过望”，在他们眼中，失去了皇帝护佑的宦官们如同待宰羔羊，到了彻底清算的时候了，几乎贯穿整个东汉的外戚宦官之争就要结束了。

正当何进、袁绍等人要动手大开杀戒的时候，本已“目中无人”的他们却发现竟然还有两个人挡在面前：一个是灵帝朝受过宦官照顾、与十常侍等人关系融洽的何进的亲妹妹何太后；另一个是毕生受宦官集团排挤、打压，被宦官集团恨得咬牙切齿的——典军校尉曹操。

何太后的反对很好理解，但曹操的行为却把何进、袁绍弄得一头雾水。这曹操是怎么了？多年来难道“历练”出受虐倾向了吗？不是，曹操的反对，只是比何、袁等人的嫉恶如仇多出一点高瞻远瞩而已。正因为曹操多年来受宦官集团打压，他才比谁都更深入了解这个利益集团以及这个被他们折腾得风雨飘摇的大汉政权。

宦官集团和士人集团的斗争持续了几代，千千万万的人就死在这条权力斗争的路上。这种斗争已经渗入了每个大汉朝臣的骨髓之中，与每个人的利益息息相关。就拿宦官集团来讲，这个集团的成员可不止洛阳宫中那万把来个大大小小的太监，多年来依附他们、指仗他们的京官、地方官、封国诸侯、地方豪强同属其中，利益盘根错节，斩不断，理还乱。此时的朝局，就好比抬轿子，士人集团和宦官集团就是前后两个轿夫，他们可以相互较劲，但如果真有一个轿夫把另一个置于死地了，大汉这顶破轿子也一定会掉下来，摔得粉碎。

曹操正是看到这一点，才反对何进、袁绍趁着士人集团声威大震之时“矫枉过正”，试图重新建构朝廷的权力框架。这时的曹操无疑是大汉王朝不折不扣的忠臣，在身边大部分人都摩拳擦掌地要去“仇报仇来冤报冤”的时候，还能够保持冷静，一切以朝廷利益为重，说明此时的曹操已不再是那个怒杀蹇叔的官场新锐，而已变为一名日渐成熟的政治家。

何进这个屠户出身的大将军毕竟成事不足，并未听从曹操的持重劝告，而是一面去劝说自己的妹妹何太后，希望她支持自己的剿杀行动，一面令袁绍等人枕戈待旦，随时动手。

什么事情该去“为”，什么事情不该去“为”，区别的界限并不是危险与否，而在于是否值得。有智慧的男人懂得取舍，有所为、有所不为，让自己变得更加强大。

成功之道

有时，稳定高于一切

一件事，看似不该做，却必须要做；另一件事，看似绝对该做，现在却不能做。这道理并不完全等同于和稀泥、搞平衡，而是要求人用“更上一层楼”的眼光去俯视事件全貌，思考更深入，目光更高远，“不畏浮云遮望眼，只缘身在最高层”。

6. 别轻易亮出最后的底牌

人要在社会中安身立命，就应该学会保护自己。对人对事都要有所保留，不要过于直率地表露自己，更不能轻易地亮出自己的底牌，这样最后受伤害的一定是自己。

何进不听曹操的建议，仍然坚持要借灵帝新丧、大权独揽之机，剪除所有宦官。仅仅官居典军校尉的曹操，自然不足以阻止何进的行动，但何进还必须去说服另一个人，要对宫廷宦官下手，这个人是无论如何都绕不过去的，她就是此时坐镇宫廷临朝听政的何太后——何进的妹妹。

谁知能在朝廷上呼风唤雨的何进，到了自己妹妹面前却寸步难行，估计这也跟他的身世有关，要不是有这个妹妹做了皇后，何进说不定还杀猪呢，怎可能像现在这样官居宰辅、位极人臣。在给了自己一切的妹妹面前"英雄"气短，也很正常。

正在何进一筹莫展的时候，看到希望的曹操又给气呼呼的他献上一策：只把几个位居首脑、作恶多端的太监头子抓起来，明正典刑，本着首恶必办、胁从无罪的原则，杀一儆百，把与何太后有交情的那几个宦官留着，这样一来何太后也就没理由再反对了。

如果何进听从了曹操的建议，无疑是对大汉朝廷最好的选择，既杀了弄权的宦官，又保障了中央政权的平稳过渡。但本就刚愎自用，加上又在妹妹那儿碰了软钉子的何进，总觉得曹操这点子行是行，不过是温吞水，不过瘾啊。而这时，曹操的好友，也是何进心腹爱将的中军校尉袁绍也来给他献计，这一招可是说到何进的心坎里去了：现在的阻力是何太后吧，太后虽然德高望重，但毕竟是个女人，女人总是胆小的，只需要吓她一吓，接下来何大将军您就可以为所欲为了。现在正好有这么个机会，凉州刺史董卓统领大军，这可是个不折不扣的“莽撞人”，正好可以让他带兵来洛阳“述职”一下，让太后见一见这些粗蛮无理的“丘八”（即“兵”的隐语，是过去兵的贬称），让他们面见时再表达一下对宦官们的刻骨仇恨，相信太后也就不敢再固执己见了。

何进心里这个美啊：没错，我妹妹从小看我杀猪看得多了，暴力是她唯一听得懂的语言。就这么办，一切按袁绍说的办，立即召董卓带兵进京。这下曹操可急了：万万不可，万万不可，纵然要吓唬吓唬何太后，也不一定要招董卓来啊，我曹操就可以嘛，他袁绍也可以嘛，我还知道袁绍的弟弟袁术当然也可以，唯独董卓不可，千万不能引狼入室啊。

拿定主意的何进根本听不进去，曹操悻悻地退了出来，一边感叹着“官大一级压死人”的箴言，一边预测着大汉王朝未来的命运。何进这回肯定是惹事了，雄踞西北的董卓一来，别说宦官集团完蛋了，何进自己也不会有什么好下场，天下又要大乱了。

人算不如天算，曹操这次的判断出现了一定的偏差，因为何进死了，死在了下令召董卓之后，死在了董卓提兵到京之前，而且是死在了宦官的手中。何太后听说自己哥哥召了董卓进京后，也觉得不妥，请何进进宫再行商量；而张让、段珪等众宦官也感到了自己的末日临近，于是狗急跳墙，竟然趁何进进宫议事之机直接把这位大将军杀了！

你说这何进，死得真不是时候，要是死在召董卓之前，董卓就根本不会进京了；要是死在董卓来京之后，至少还能对这头西北狼有个制约；要死在别人手里还好，可偏偏死在宦官手里……

何大将军一死，袁绍、袁术等人可不干了，他们可都是被何大人提拔任用起来的。何大人就这么死于非命，让这些青年军官瞬间失去了理智、思想以及一切能够安定他们的因素。杀，杀，杀，全杀了，一个宦官都不留，为何大人复仇！

曹操此时反应如何？他是否还能够保持理智？这已经不重要了，估计他也"激动"（不管真的假的吧）了，否则在袁绍等人疯狂诛杀宦官的皇宫里，曹操若还加以劝阻，再被这些人联想起以前阻止何进使用雷霆手段的"前科"，别说是发小袁绍了，估计连天王老子也救不了他，没杀宦官之前，他曹操就得先为何大将军偿命。

这次，我们终于有幸能一睹"西园精兵"的风采了。确实是虎狼之师，袁绍等人一到，洛阳城内，不管宫里宫外，皆血光四溅，杀声四起，见到太监就杀，没有任何优待俘虏政策。据说大屠杀后来还扩展到"疑似宦官"之列，许多没长胡子的青年人也遭到了误杀。为了保命，最后他们甚至形成了一种条件反射：见到当兵的就脱裤子——验明正身。大汉王朝的首都洛阳陷入一片混乱。

毕竟也是斗争多年的老手，宦官们诱杀何进的行为并不是一时冲动，而是要鱼死网破的一揽子计划。此时，袁绍的兵马正扫荡皇宫，张让、段珪等几个宦官集团的核心成员已经裹胁着少帝和何太后仓皇西逃，打算带着这两个宝贵的护身符去西都长安东山再起。但无论计划有多美好，宦官们的路已经走到头了。面对渐渐逼近的烟尘，张让选择了投河自杀，祸乱数朝的宦官集团就此覆灭。

十七岁的少帝刘辩终于自由了，但此时九五之尊却已狼狈不堪，跟在他身边的只有九岁的弟弟陈留王刘协和刚刚前来救驾的将领闵贡。他们缓缓东行，目的地是那个混乱不堪、杀声四起的国都洛阳。行不数里，战马、战车的声音由远而近地隐隐传来，看来是迎驾的军队到了。但这声音并非来自同一方向，而是东西双向而来。一支是来自东方，由袁绍等人率领，刚刚杀尽宫中两千余名宦官的帝国军队；而另一支来自西凉所在的西方。这两种“声音”，将在这里迎头相撞，左右着帝国未来的命运。

何进没有听从曹操的建议，轻而易举地将自己的底牌亮在了宦官们面前，才招致了杀身之祸。这也让当时的曹操明白，任何时候都不要轻易地亮出自己的底牌，行事要低调，多给自己一层保护。

成功之道

不到不得已，别亮双刃剑

正如武侠小说描述的那样，真正的“大杀器”往往都是带有伤敌一千、自损八百属性的双刃剑。而这种双刃剑隐藏得越深，其实际效果才越好，这就是所谓的“底牌效果”理论。当对手永远看不到你的那张底牌时，这张底牌的影响力就会远远超过真正打出它时的杀伤力，达到不战而屈人之兵的效果。

7. 以平常心，应万般不如意

中平六年（公元 189 年），对于已历经近四百年风风雨雨的大汉王朝而言，注定是不平凡的一年。昏庸无能的灵帝死了，年幼的皇帝即位；屠宰匠出身的大将军何进死了，为祸多年的宦官集团也被彻底剿除。但是，这一年的故事远未到此结束，董卓又来了。

前文提到，在少帝脱困不久后，东西两支勤王军队也终于以“赛跑”的速度前来迎驾了。这一次，“东军”袁绍的部队抢在了前面。于是，君臣相见，怒骂宦官，缅怀何进，向都城缓缓而行。

董卓的“西军”当然也不遑多让，闻听京城有变、何进身死的消息，老谋深算的董卓似乎嗅到了期盼已久的“战机”，于是令西凉军“强行军”推进。终于，在洛阳郊外的北邙山下，惊恐未定汉少帝见到了来自西方的第二支“勤王”部队。

然而，“迟到”的董卓此时却不以为意，甚至连“报告”都没喊，直接就要找大汉天子。董卓这种外来户少有的高姿态，可是让皇帝身边的袁绍等人如同吃了苍蝇：你没看见吗？现在动乱已经平息了，就是我们这些人勤王护驾的，你董卓上来质问我们天子在哪，好像我们是乱贼劫持了天子似的；再说了，你董卓一个小小的凉州刺史，这里这么多位列三公九卿的朝廷大员，哪有你说话的份儿呢？你董卓还是我袁绍建议招来的。

在百官惊诧之时能够保持镇定的人寥寥无几，曹操就是其中一个。这份从容镇定来源于他早在这次变乱之前，就对董卓其人做出的明确判断：这就是一匹西北狼，召他来，就是引狼入室。而请“狼”容易送“狼”难，没块肥肉抛给他，他是不会走的。而且他想要的这块肉，大汉王朝不一定给得起。

商量商量吧，给董卓这匹狼一块什么肉，赶快请走了事。这块肉的分量袁绍等人谁也说不好，还是直接问董卓吧。对于董卓面见皇帝的要求，朝廷的态度很明确：皇帝不是谁想见就能见的。现在皇帝有旨，让你退兵回去。旨意很明确——明确的旨意包含董卓此时应尽的“义务”，哪来的回哪去；暗示的旨意则是“勤王功臣”董卓此时享有的“权利”，有条件提出来，咱们一定给予考虑。

出乎袁绍等人意料的是，董卓虽然看似粗鲁，却是个坚持“原则”的人：什么条件，不提。“你们这些被朝廷高官厚禄养着的公卿，却让帝国遭到这样严重的变乱，现在还让我退兵，没门！”

一切都在曹操的预料之内，董卓这匹西北狼的胃口远远不是袁绍他们想的那样。他绝不是趁着变乱来咬口肥肉吃的，他的血盆大口要吞下整个大汉！

谈不拢，最后还得依着董卓，毕竟他麾下骁勇异常的西凉军现在也正关注着谈判的进展。于是，董卓终于能够一睹这位十七岁新皇帝的风采了。谁知这一见，却令他大失所望：惊恐未定的少帝连句整话都说不出来。倒是少帝身边还有个人，少帝的弟弟，年仅九岁的陈留王刘协，对董卓的提问对答如流，还能够很有礼貌地对董卓此次不辞辛苦地“救驾”做出高度评价，说得董卓心花怒放。

见完皇帝，“热心肠”的董卓仍是放心不下皇帝的安危，一定要率领西凉军护送君臣一行回洛阳。皇帝没理由更没有实力拒绝，只得由着他了。

就此，“护驾”而行的西凉军开进了帝国的中心洛阳；野心勃勃的董卓，也从此进入大汉王朝权力的中心。

这是曹操早已预料到的，也是他最不愿意看到的结局。引狼入室的局面已不可逆转，曹操的脑海里浮现出一个个鲜红的、带有问号的如果：

如果何进不力求除恶务尽……

如果何进不外召董卓……

如果何进不自投罗网……

如果袁绍不大开杀戒……

这一个个“如果”以及如今的局面，归根到底就是一个原因：没有一个人听进我曹操的建议！从何进掌权开始，直到董卓进京，我曹操曾经一次又一次地出谋划策，这些建议都是能够把大汉王朝从黑暗的深渊里拉回来的。然而刚愎自用、愚蠢自大的当权者却没有哪怕一次采纳我的一条建议，眼睁睁地看着这个摇摇欲坠的国家往下堕。才出虎穴，又陷狼窝！

一个隐者，面对如此诸般不如意，大概会挂冠而去，在未来大汉灭亡之时投去最后一声叹息。

一个正者，面对如此诸般不如意，大概会大骂当权者不用良谋，在未来大汉灭亡之时著书立说，写作“过汉论”一类的文章。

一个“智者”，面对如此诸般不如意，大概会明哲保身、攀附权贵，在未来大汉灭亡之时，为刘氏宣读“悼词”，并以“开国元勋”的身份参加董式新皇的登基大典。

然而这一年的曹操，不是隐者，不是正者，更不是一个“智者”。他要做的，是此时最难做的，也是以上三者都不能做到的——阻止大汉王朝的灭亡。

这一年的曹操，选择以平常心忘记诸般不如意，不灰心，不气馁，指看未来，匡扶大汉。

这一年的曹操，不愧为一个英雄。英雄曹操与奸贼董卓的对决，将决定大汉王朝未来的命运。

曹操能够在各地诸侯混战的东汉末年安身立命，就在于他能够审时度势，并以一颗无敌的平常心，化解自己的万般不如意。因为他也明白，当今之际，只有用平常心处世，才能立于不败之地。

成功之道

不抛弃，不放弃

锲而舍之，朽木不折；锲而不舍，金石可镂。人生不如意事十之八九，如果稍遇挫折就放弃努力，那将永远一事无成。艰难困苦，玉汝于成，以一颗平常心应对诸般不如意，这样的人不但是智者，而且是慧者。面对眼前的凄风冷雨，请坚信：风雨之后，才有最美的彩虹。

第2章

乱世起家，政坛新锐

——官场、江湖，处处都是连环套

初涉官场，曹操就赶上了乱潮。董卓之乱，对大汉王朝的破坏力是前所未有的。但也正是董卓的乱政成就了袁绍、曹操这样一批青年才俊，使他们成为当时当之无愧的新秀。曹操政治生涯真正的起步，就是从此时开始的。

1. 空手套白狼，无本也能起家

“西北狼”董卓来了，凭借兵强马壮的西凉军，原本僻处西北一隅的他一跃成为朝中炙手可热的新锐人物。进京的董卓好似一个赌徒，西凉军就是他拥有的赌本。那么说这支西凉军到底有多强的实力，能在并未交战的情况下就把袁绍等人彻底“唬”住呢？事实上很可笑，西凉军的战斗力姑且不论，仅从数量上而言，初到洛阳时这支步骑混编的部队只有三千人左右。

手上的本钱太少了，董卓当然不是想要靠这三千人“大闹天宫”，这只是他从西凉开来途中，接到洛阳兵变的消息，轻装前进，昼夜强行军，先行到达的前锋部队。虽然大队人马将陆续开到，但初到的董卓也必须靠着这区区三千人本钱先“赌上”两把，继续忽悠朝中文武，让自己能尽快立住脚。

精明的“赌徒”想到这样一个办法：让白天进城的这三千人，晚上换上老百姓的衣服偷偷出城，第二天再重新整军列队，大张旗鼓地进城。这样反复了四五天，把大多数人“忽悠”了。无论是朝中百官，还是京中百姓，都以为董卓手下有千军万马，大家坚信之前对董卓的判断——这匹“西北狼”确实是个货真价实的实力派。

被忽悠的人包括袁绍。骑都尉鲍信从山东募兵归来，他也看出了董卓的野心，建议袁绍趁董卓立足未稳，出奇兵攻击西凉军，只要取胜，董卓就还得从哪来回哪去。这已经是消灭董卓的最后机会了，却遭到袁绍的满口拒绝：老鲍啊，你可长点心吧，你没看见现在城门口西凉军还在往里进吗？人家董卓手下是边防军、野战军，是能打硬仗的部队；你鲍信手下的军队是预备役部队，我袁绍手下的是武警部队，跟人家动手会惨不忍睹的。面对这个已经被吓破胆的贵族子弟，鲍信一气之下引兵东行，离开了洛阳。

在“赌场”中，忽悠总是能起关键作用的。董卓的虚张声势不但唬住了对手袁绍，而且为自己赢得了更大的赌本。何进死了，他手下的队伍总得找个新老板，袁绍已经退缩了，这个老板人选只剩董卓一个，收编了这支队伍，“西园军”的控制权大部分已在董卓手中。

还没完，归附董卓的人仍在增加，其中就包括“陆地上最强的男人”——吕布。这位猛将在杀了“义父”丁原之后，带着队伍加入了董卓阵营，从此有了他“三姓家奴”的第三个，也是最后一个姓氏。与此同时，西凉军的后续部队也陆续赶来，至此“赌徒”董卓真正地发达了。

此时的曹操看到董卓仅仅带着三千人就大摇大摆地进入了洛阳，对他是敬佩有加。而后来董卓无本起家、空手套白狼的做法，也给曹操留下了很深的印象，并对他产生了深刻的影响，这点体现在他以后的征战中。

实力决定一切，声势大振的董卓在朝中获得了无人可及的话语权，磨快了爪子、蹭尖了牙齿的恶狼要吃人了。这时的董卓毫无保留地表现出了西北人的“豪放”：朝廷必须重新打鼓另开张，挂上我董卓的招牌，该换的全换，也包括董事长——皇帝。

这时的董卓，已经由一个赌徒“晋升”为一个即将走马上任的CEO。但即便如此，区区一个CEO新官上任的第一把火就是改组董事会，撤换董事长也是一件匪夷所思的事情。

董卓提名的新皇帝，就是给他留下深刻印象的少帝的皇弟，仅有九岁的陈留王刘协。董卓说：“三岁看大，七岁看老，我董卓早就看出来了，这孩子一定是个好皇帝。”

可只是“情人”眼里出西施没用啊，尽管董卓利用一切舆论手段把这陈留王吹得跟朵花儿似的，反对废立的声音仍然不绝于耳。像尚书卢植这样德高望重的朝廷重臣，也包括“畏董如虎”的袁绍，全都投了反对票。

袁绍毕竟算是个人物，可以因为害怕董卓兵强做出妥协，但决不允许这匹西北狼任意妄为地废立皇帝。在商讨撤换董事长的董事会上，“部门经理”袁绍与CEO董卓拍案对骂，拔刀相向，势不两立。

结果是，袁绍愤然辞职，董卓恨恨作罢。当然，董事会的主要议题，董CEO仍然乾纲独断——皇帝，必须换。

这一年，十七岁的刘辩退位，九岁的刘协登基，大汉从此进入了董卓时代。

这期间的曹操并没有太多出现，因为日渐成熟的他在总结以往的经验教训时，发现自己以前用建议挽救危局的方式是愚蠢的，袁绍这种一会儿畏首畏尾、一会儿横冲直撞的方式也是不能战胜如日中天的“西北狼”董卓的。飓风过岗，伏草惟存，面对汹汹而来的董卓，曹操知道，必须隐忍，必须等待时机。

成功之道

做大事，有时要有一种“赌徒精神”

兵法曰：治乱，数也；勇怯，势也；强弱，形也。强弱的对比不是一成不变的，一招之内、翻手之间，就可能发生逆转。看似不可破解的珍珑棋局，可能只需一子之妙，就可迎刃而解。做大事，一定不要等到万事俱备了再行动。时刻显露一种舍我其谁的气势，就将无往不利。

2. 造势也需搞清楚状况

通过换皇帝，董卓成功掌控了大汉王朝的中央政权，为所欲为地展开了他在洛阳的大清洗运动，包括卢植等重臣在内，一切在废立皇帝决议中反对过董卓的人，或被罢官夺爵，或被直接处死。而在这次政治地震中得到重用晋升的，除了董卓的亲信之外，只剩下袁绍的叔父太傅袁隗这样苟且依附于董卓的“软骨头”，大汉王朝的忠臣、正臣们被扫荡殆尽。

董卓本人担任了一人之下万人之上的相国职位，并且获得了觐见皇帝的三项特权：不报姓名，只称职衔；不用小步快走表示尊敬；可以带剑穿鞋。这三项特权，在有汉四百余年里只有三人：第一个是辅佐刘邦打下江山的“汉初三杰”之一的萧何；后一个则是我们的主人公，挟天子以令诸侯的曹操；中间一个正是此时权势达到顶峰的董卓。

官场向来如此：有得意者，必有失意者。在与董卓的斗争失败后，袁绍灰溜溜地逃出了洛阳，出奔冀州。而作为胜利者的董卓，这次也表现出与其性格不相符的“宽容”，并没有对袁绍穷追猛打，派人去冀州斩草除根，反而“大度”地任命他为渤海太守。难道这是“西北狼”吃饱了，要改邪归正吗？

董卓的“善行”远不止拜袁绍渤海太守一桩。掌握权力后，董相国还真做了不少有利于发展生产，有利于增强大汉综合国力，有利于提高大汉人民生活水平的事情。具体举措有以下几点：

尊重知识。董卓虽然是个粗人，却“真心”敬重有学问的人。为了展现知识的重要性，董相国从朔方“请”回了因为被诽谤而流亡十二年的名士蔡邕，并用最“诚挚”的方式——武力威胁（“我能族人”）聘请他出任新政府的要职（侍中）。

翻查旧案。对于导致之前那场惨烈宫变的元凶何太后、何进的弟弟何苗和她母亲，包括“处置失当”、当时的皇帝、现在的弘农王刘辩，一律格杀勿论；并为因皇帝昏庸含冤死在宦官手中的党人陈蕃、窦武等平反。

一体公心。任用公卿子弟，填补十常侍等宦官所占据的职位，这些人包括袁绍和他的弟弟袁术、张邈、韩馥等。而吕布、李傕、郭汜等自己的亲信部将却并不晋升显要职位，大有“外举不避仇，内举不避亲”的贤臣之风。

这就是董卓的枭雄本色，这一系列“利国利民”的举措施行下来，人们逐渐发现：董卓这人外表粗鲁，倒也能做一些精细的事情；外表奸诈，倒也能做一些符合国家民众利益的好事。拥护董卓的人日渐增多，反对者的态度也趋于缓和——这就是董卓大发“善心”想要达到的效果。

拥立皇帝，政治正确；任用贤臣，人脉畅通；坐拥雄兵，翻云覆雨。这样董卓在此时几乎是不可战胜的。朝中诸臣看到了这种形势，纷纷表示要合作；袁绍看到了这一点——老老实实地当他的渤海太守；曹操也看到了这一点，董卓进京以来始终保持低调的他成为新相国的主要拉拢对象——被留在了洛阳，任命为骁骑校尉。

面对董卓的“亲善”姿态，曹操一方面虚与委蛇地配合，假意归附，他深知此时势单力孤的自己无力对抗权势熏天的董卓；另一方面，他始终清醒地认识到，董卓这匹“西北狼”的尾巴是夹不长也夹不住的，必须时刻保持警惕、争取机会，等到董卓原形毕露之时一举将他除掉。

正如曹操所料，大权独揽的董卓很快“撕去了温情脉脉的面纱”，凶相毕露。在朝廷上，他独断专行，肆意妄为，夜宿禁宫，夺占珍宝，奸淫宫女；在洛阳城内，他放纵手下西凉军横行无忌，奸淫掳掠，滥杀无辜。

曹操的机会来了。在董卓已经臭名昭著的情况下，再与他“勾勾搭搭”，就会被所有人认为是助纣为虐的爪牙，将再无翻身之日。走，步袁绍后尘，离开洛阳，回家乡招募兵马，号召天下诸侯讨伐董贼的时候到了。

而此时，董卓对于京城洛阳的监控不可谓不严密：弟弟董旻执掌禁军，控制皇宫；其他部则统领西凉军，在城内日夜巡查，监视百官。在这种情况下决定走，也不是说走就能走的。但这对于曹操来讲，并不是一个问题，与董卓周旋多次的他此刻已经获得了对方的信任，京城上下都认为此时的曹操已经是董相的人了，而董相的人可以在洛阳城为所欲为，无人敢拦。因此，横行霸道的董卓这次被曹操占了个大便宜。

这一年，三十四岁的曹操逃离洛阳，天下诸侯讨伐董卓的导火线就此引燃。

曹操明白，只有占得优势，才可先声夺人，所以无势者就需要造势。而造势还要搞清楚状况，要等那些促成事情成功的各种外部条件同时具备，即恰逢其时，才能借助机会乘势而行，此时就会“得来全不费工夫”。

成功之道

因势而动，顺势而为

历史的车轮滚滚向前，一切逆势而动的作为终将是螳臂当车。曹刿论战的战例曾经生动地给我们讲述了这样一个道理：一鼓作气，再而衰，三而竭。选择最恰当的时机出手，往往是取得胜利的关键。当然，在静待时机的过程中无所事事也是愚蠢的，耐心待势的同时，更要能动地造势，机会才能落到有准备的人头上。

3. 创忠义品牌，保全了建功立业的本钱

利用董卓的信任，曹操巧妙地脱身离开了京城。但是，这并不等于曹操就能够平安地回到家乡。原本蒙在鼓里的董卓很快意识到，这回曹操的出走绝不是简简单单的辞职不干了，绝对是走到了自己的对立面，决不能让他回到家乡，在半路上就要解决他。很快，海捕曹操的文书下达到了他回乡路上的每个郡县，一张天罗地网正在向策马东奔的曹操撒开。

而此时的曹操，俨然已是个顶天立地的英雄形象：严拒权相董卓的腐蚀拉拢、高官厚禄，一切为大汉利益、皇帝安危着想，丝毫不计较个人利害得失。这是一面迎风飘展的忠义大旗，在未来相当长的时间内，这面大旗将使刚刚起兵的曹操获益匪浅、战无不胜。

“忠义”给曹操带来的第一个好处，就出现在他回乡的路上。曹操策马一路东行，路过司隶州（东汉十三州之一，首都洛阳周围地带）边缘地带的中牟县，被一个按图捉拿他的亭长抓获，送至县衙。在审判中，已经被五花大绑的曹操傲然独立、兀自不拜，一身傲骨显露无疑。

正巧，中牟当地的县令和功曹也都对董卓在朝廷中的倒行逆施深恶痛绝，看见这样一个曹操，更是英雄惜英雄，竟然连关押都没关押，立即将他无罪释放。可不是嘛，董卓无道，天下共讨，已经成为朝廷内外达成的“共识”。谁反对董卓，谁就是大汉的忠义之臣，就会得到所有人的拥护与支持。

县令宣判：曹操无罪有功。法律是严肃的，无罪就得释放，有功还得得赏。这次县令给“功臣”曹操的赏赐甚为丰厚，除了赠送盘缠、马匹等一应随身之物，还派人送他出县境。曹操在中牟，终于有惊无险。

曹操出逃途中的故事远不止中牟一个，另一个故事则更加如雷贯耳，但该故事涉及曹操性格中值得商榷的一面，与这节对他“忠义”的赞赏截然相反、毫无相关，所以以后再表。

到了这年冬天，曹操已经马不停蹄地向东狂奔了五百多里，终于离开了董卓的势力范围，到达了离他老家谯县不远的陈留，这里的太守是他年少时的伙伴——张邈。叙旧之后，两人一拍即合，对此时的天下形势做出了明确的判断：今天的董卓，已经是人人恨不得食其肉、寝其皮的天下公贼，讨董扶汉已成天下大势。现在要做的，就是在关东，董卓望尘莫及的这些地方，招募英雄，联络诸侯，训练军队，为攻打洛阳、一举击败董卓做充分的准备。

在张邈等一些有识之士的支持下，曹操在陈留境内高举义旗，招募军队。募兵告示中明确写道：这支军队不是给我曹操招募的，而是给他董卓招募的。这支军队的每个士兵要做的，就是亲手埋葬祸国殃民的董贼！

这样的告示一经贴出，很快引起了轰动。妻子送郎上前线的有，兄弟几个同时报名的也有，上阵父子兵的还有，这支新建军队很快达到五千人的规模。征兵工作的顺利进行，一方面应该归功于曹操出台的意图明确的征兵公告，另一方面也反映出董卓的专横独断、肆意妄为，不但在百官之中引起普遍不满，而且在平民百姓中引起了公愤。

蛇无头不行，有了一支军队，还必须要有一名能征惯战的将领。这种人才在曹操的阵营中也是不缺的。起兵初期为曹操领兵杀敌的，主要是他族中的几个兄弟，这些将领虽然是主帅的“裙带关系”，可也是个个有真本事，他们甚至在《三国志》中被单独列传，包括夏侯惇、夏侯渊、曹仁、曹洪等人。这些人为曹操征战天下，居功至伟，以后还会陆续讲到。

除却曹氏、夏侯氏诸将，还有智勇双全的李典，后来名震天下、位列曹魏阵营“五子良将”之一的乐进等。此时曹操的手下，可以说量不多却将强，战斗力上升很快。

有了军队，有了战将，接下来要做的，就是把讨伐董卓的大旗打出去了。但曹操深知，这杆大旗他一个人是扛不动的。此时的董卓虽然人心尽失，但仍然窃据相位，在内掌管着朝廷的中枢大权，对外占据着关西大片的土地。况且他的武装力量仍然无人可及，西凉军能征惯战，更有吕布等猛将统帅。

好吧，既然我曹操没有能力手刃董贼，为天下除害，那就把这个机会分给天下的英雄吧。曹操起草了一纸义正词严、有理有力的讨董檄文，传檄天下，关东地区顿时风起云涌。这一节在《三国演义》中被精彩地形容为“诸镇应曹公”。

这一年，讨董成了天下潮流，而曹操俨然已是这支“革命军中的马前卒”。

中国几千年来，在儒、释、道文化的演变中，伦理道德始终是条主线。人们在与他人共事、合作或交往时，总是希望打交道的人都是诚信忠义之士。曹操紧紧抓住这一点，大摆忠义，获得了众人的支持，保存了实力，积累了自己建功立业的本钱。

成功之道

忠义立身，忠义成事

在古代中国，名不正则言不顺，言不顺则事不成。即便在今天，无论商品经济怎样快速发展，占据道义制高点的人也能够轻而易举地在竞争中抢占先机。小商逐利，大商逐名，义和利通常是相伴相生的，没有了义的大旗，利也将成为无源之水、无本之木。一个人要立身、要成事，舍弃忠义无异于缘木求鱼。

4. 演了一场明败实赢的好戏

汉献帝初平元年（公元 190 年），关东各州郡的形势有了突飞猛进的发展，各路诸侯对“西北狼”董卓的斗争，逐渐由单纯的唇枪舌剑转向激烈的武装斗争，讨伐董卓的联军形成了。

联军阵容庞大，虽没有《三国演义》里描述的十八镇，却也真有十一路之多。除却曹操这一路，还包括：

第一路：渤海太守袁绍。

第二路：冀州牧韩馥。

第三路：豫州刺史孔伷。

第四路：兖州刺史刘岱。

第五路：陈留太守张邈。

第六路：广陵太守张超。

第七路：河内太守王匡。

第八路：山阳太守袁遗。

第九路：东郡太守桥瑁。

第十路：济北相鲍信。

这些诸侯分驻在北起河北、南至江淮的广大区域内，而主力则集中在今天河南境内的酸枣。联军的大本营也设在酸枣，十一路将领齐聚于此，各个义愤填膺、慷慨激昂，历数国贼董卓的罪恶，忧心大汉王朝的未来，决心歃血为盟，共诛残暴，匡扶汉室。

联军作战，需统一号令，令行禁止是头等大事。讨伐董卓的关东盟军成立了，还必须选出一位发号施令的盟主，在场的诸将纷纷把目光投向渤海太守袁绍。原因主要有二：第一，袁绍的态度。他是全国上下人所共知的反董派，袁绍正因反对董卓滥行废立，才被迫离开京都洛阳任职渤海太守。推举他做盟主，能够始终保证联军“不变质”。第二，袁绍的出身。袁家四世三公，门多故吏，袁绍的叔父袁隗此时正在朝中担任太傅之职。推举他做盟主，能够更好地开展朝中百官的“统战”工作。

从这两方面来看，袁绍确实是担任盟主的不二人选，他也很快宣誓就职了。但大家似乎忽略了这两条有利条件之外的其他不利条件，最关键的就是袁绍的能力问题。袁绍虽然是有为青年，但从他为官多年的表现来看，此人在谋略上是有所欠缺的。最显著的例子就是在征召董卓进京的重大问题上，他的建议体现出轻谋、草率、武断。

即便是袁绍担任盟主的有利条件，后来证明也是严重错误的。其中，试图用袁氏家族在朝中的人望团结更多志士仁人，除去成果有限之外，还直接造成了太傅袁隗死于非命。老谋深算的董卓是你想算计就能算计的吗？这次老贼连“避嫌”都省去了，直接以“嫌疑犯”和“罪犯家属”的罪名杀了袁隗全家。从此，朝中人人避董自保，即便原本想要与联军里应外合的，也不敢擅自行动了。

其实，袁绍的态度根本就有问题！对董卓，袁绍到底是“鹰派”，还是“鸽派”，其实是一个问题。在没有足够的证据证明下，我们先不把“议温明”（当年在洛阳董卓举行的废立皇帝代表大会）上袁绍的表现——与董卓拔刀相向看作他的政治秀；就说董卓初到京师时，济北相鲍信就曾建议讨董，却被袁绍因为惧怕而断然拒绝。因此基本可以肯定，袁绍至少不是一个坚定的对董强硬的“鹰派”，某种情况下可能还会转变为对董妥协的“鸽派”。

由此可以这样推断：在“选举”盟主的过程中，袁绍虽然是众望所归，但“唱票结果”应该不是全票通过。至少有两个人投了弃权或者反对票，一个是深知袁绍其人的曹操，另一个则是对袁绍窥一斑而见全豹的鲍信。千里难寻是知音，鲍信对曹操说：“雄才大略的人是不世出的，我们大汉现在正有这样一个人，不是咱袁盟主，而是你曹孟德。跟着这袁盟主走，我看咱关东盟军出路不大。”

后来证明，这个鲍信真是个人物。他的判断准确无误！让我们来看看袁绍就任盟主后的表现，他自封爵尊位高的车骑将军，统帅关东盟军的方式与当年统帅西园军如出一辙，成立后就不动了。唯一不同的是，当年西园军是“趴”在了洛阳，现在的关东盟军则“窝”在了酸枣。军队无所事事，高层却忙得不可开交，盟主袁绍和他手下的各路诸侯，每天大摆筵宴，举行各种丰富多彩的文娱活动，只等待着“雷震子”显灵，一个雷把董卓这奸贼劈为焦炭，“兵不血刃”地实现关东盟军起兵时对天下人的诺言。

但泥沙总是和金子同在的，关东盟军内并不是人人不思进取。言行合一、讨伐董卓的关东盟军部队不多，他们是长沙太守孙坚所部、济北相鲍信所部、陈留太守张邈的所部，还有就是此时被盟主袁绍封为“奋武将军”的曹操的部队。

面对联军诸将的怯懦，曹操一气之下孤军进击董卓。在河南荥阳，与董卓部将徐荣率领的西凉军相遇，然后交锋——激烈地交锋，双方马颈相交，反复肉搏。

结果是没有什么正义之师创造的奇迹。曹军势单力孤，遭到惨败。曹操本人带伤撤回酸枣大营，所属兵马损失殆尽。

回到酸枣之后，刚刚经过生死考验，头脑中浮现的仍是血肉横飞、尸骨成山场面的曹操，面对大营中仍然歌舞升平的祥和气氛，心中的忿恨再也没有什么能够压制了。他义愤填膺地指出：按照我的谋划，以关东盟军的实力，打败董卓、匡扶汉室是可以马到功成的！但你们从结盟之初到今天的表现，却只能用两个字来形容，那就是可耻！你们帐中的歌舞升平是你袁盟主、你们各路诸侯的耻辱，而阵前的惨痛失败却是我曹某人的光荣！

在酸枣营中，曹操说的是气话，却也是真心话，更是能够预判天下大势的话。如果说荥阳一战前，袁绍才是那个众望所归中兴大汉的人，在战后，这面能够号令天下的"大旗"被袁绍因为胆怯和愚蠢亲手递到他儿时的伙伴——曹操手中。

福祸相依，荥阳一战，曹操虽然战败，但对他个人来说却是胜利，而且是无与伦比的大胜。曹操的这一败仗给他带来的是荣誉，这无异于狠狠地打了袁绍一个耳光，而曹操也通过这次明败实赢的机会获得了众人的青睐。

成功之道

胜败，其实并不是那么简单

在硝烟弥漫的战场上，评判胜负的方式也许比较单一，但在更多、更广泛的没有硝烟的"战场"上，胜利和失败之间并没有那条明确的界线。这与"塞翁失马"的故事有点类似，但我们要从曹操身上学得更多的应该是高屋建瓴的战略眼光。一时的失败并不可怕，如果能够以暂时的，特别是能够承受的失败奠定永久胜利的基石，失败就是成功。

5. 实权是说话的本钱

由于以袁绍为盟主的关东盟军按兵不动，曹操只能率领本部兵马进击董卓，最终寡不敌众，在荥阳的卞水败于董卓部将徐荣之手，伤亡惨重。曹操本人所骑战马也被射死，只因军中族弟曹洪将战马相让，才侥幸逃回关东盟军酸枣大营。一战下来，曹操在陈留所招兵马已不足千人，他成了“光杆司令”。对关东盟军心灰意冷的曹操，决定南下扬州募兵，以备来日再战。

在讲述曹操离开关东盟军之前，有必要对曹操为联军制定的讨董方案进行简要的介绍。曹操认为，讨伐董卓必须是政治斗争和军事打击相配合，综合运用斗智、斗力、斗心理等各种手段，分路进攻，才能收获全胜。具体部署是：袁绍率领河北的军队沿黄河西进，占领洛阳以北的孟津渡口，是为北路军；酸枣的关东盟军主力则西进成皋，占据敖仓，据守洛阳东面的各个险关要隘，是为中路军；袁术则率领南阳的部队进军丹、析，袭占武关，直插董卓侧后，阻断关中董卓与他的老巢西凉的联系。

即便有这样的周密部署，曹操对于董卓所部西凉军仍然不敢小觑，指出北、中、南三路兵马须齐头并进，步步为营，主动回避与西凉骑兵的正面野战，只作疑兵之势压迫董卓。一旦这种局面形成，天下的有志之士，无论在朝中还是地方，都将加入讨董斗争的队伍中，腹背受敌的董卓将立时崩溃。这样，关东盟军无须浴血拼杀，就能不战而屈人之兵。这就是“上兵伐谋”的威力。此时的曹操，针对大棋局谋篇布局的能力已显露无疑。

他在酸枣提出的这个方案，应该说是关东盟军能够施行的最正确的指导方针。在政治上，他充分利用董卓的人心尽失及“纸老虎”的特性，巧妙地把“造势”摆在“作战”之前；在军事上，他正视了敌强我弱的现实，并未轻率地向西凉军主力展开攻势，而是以疑兵之势分路进击；在同盟关系上，此方案也能充分照顾到各方面的利益，能够在击败董卓之余使联军各路诸侯都得到实惠，充分调动他们的作战积极性。

历史经常令人叹息，曹操这样的“大手笔”，我们后人却无法看到施行之后的实际效果，因为它被袁绍等人愚蠢地拒绝了。但为了照顾各位看官的感受，可以大致做一个不尽正确的推理，而这个推理的有力依据，正是曹操汴水之败前董卓方面的动态。

董卓这匹“西北狼”，并没有与其野心相匹配的胆量。面对声势日益壮大的关东盟军，即便击败了曹操等人率领的几路偏师，仍然心惊胆战。袁绍还没打算进攻，董卓已经准备逃跑了。这次他的目标是长安，那里是高祖刘邦选定的故都，更重要的是靠近他的发家之地西凉。这是一次“搬家”式的逃跑，长期被骂为“国贼”的董卓这回索性真的当了一回“贼”，他和他手下的西凉军在西逃之前，“搬空”了包括皇宫、皇陵在内的整座洛阳城。而率先开进洛阳的关东盟军孙坚部队进城后做的第一件事，不是盘整府库，不是整顿城防，更不是追歼董卓，他们要做的比这些更迫在眉睫：救火！大火烧了几天几夜，这是董卓撤离前送给洛阳这座已历经二百余年的大汉古都的最后一件礼物。

可以肯定地说，董卓的西逃恰恰印证了曹操酸枣战略的正确。曹操布三路疑兵、深沟高垒而不战的目的，正在于以“势”恐吓本已外强中干、色厉内荏的董卓，迫使他放弃经营已久的洛阳地区向西走，这样联军就能够以逸待劳，以“击其惰归”的方式击败善于正面冲突的西凉骑兵。我们还可以大胆地预言：如果曹操的方案被采纳，现在的董卓应该刚刚逃离关东盟军主力在其背后的追击，又遭遇从南线穿插而来、在他西逃的某必经之路上设伏、准备给他致命一击的袁术南阳部队。这样一来，本想以潼关之雄、渭水之险对抗联军的董卓，根本连潼关都到不了，就将兵败如山倒。

那将是多么美妙的一天：董贼人头落地，联军誉满天下，大汉王朝从此中兴。但是，这一切再也不可能出现了，董卓裹胁着皇帝和百官，在未遇到关东盟军任何阻挡和追击的状态下顺利到达西都长安。在这里，他将更加有恃无恐地为所欲为，祸乱大汉天下。

看到这一切，已经离开关东盟军的曹操悲愤不已，痛定思痛，他开始省察这一路走来的风风雨雨：为什么自己的意见总是得不到采纳？更令他痛苦不已的是，事实证明这些不被采纳的建议还总是正确的。正确却总遭到拒绝，这是一个悖论，但曹操最后想通了。他决定离开酸枣，自己掌握实权，走上一条真正属于自己的道路。

正所谓："实权是说话的本钱。"这个道理在一千年之后有这样一个经典的解释：一战时，德国皇帝威廉二世曾经说过，在同别国发生争论时，德国总是在开口前将一把左轮手枪放在桌上，让对手望而生畏。

成功之道

人，应该拥有自己的"左轮手枪"

有人说，真理是争辩出来的，它同强权是冰炭不能同器的两个概念。但实际上，二者相生相伴。在某种程度上，第一个确定真理的人所用的方式肯定是强权——因为他是第一个，没有任何实际案例能够佐证这个论断正确与否。霸王道杂之。人，不要担忧自己显露的霸道，打造一支专属于自己的"左轮手枪"，让它为你的"王道"大业保驾护航吧。

6. 出奇制胜，一击必中

出奇就是不循旧轨，超常思维，反常用兵，使对方惊骇，造成一种先声夺人的心理态势。出奇制胜，在对手打盹的时候给以致命一击，最易达到目的。

汴水一战之后，打光了“本钱”的曹操离开了关东盟军的酸枣大营，南下扬州寻求新的发展。在这里，他得到了扬州刺史陈温和丹阳太守周昕的支持，补充了四千余名士兵。但是，正当他要率领这支新的部队重新北上与董卓作战时，这四千余名士兵却接二连三地发生逃亡，他们根本不愿跟随曹将军北上作战，只愿留在江淮老家安享太平。

这件事使刚刚认识到实力重要性的曹操，更加明晰了军队和地盘在构成实力中的关系。没有稳固的地盘作为根据地，一支流动作战的军队不可能有战斗力，更不可能有战心。到了河内，曹操的战略目的已经十分明确了。此时最大的敌人董卓拥有帝国西部广阔的地域，而与董卓分庭抗礼的关东盟军盟主袁绍，这时也在关东盟军内部的斗争中胁迫韩馥让出冀州，获得了这片北方最富庶的土地。曹操也要像他们一样，取得自己的地盘，只有从“小地主”做起，才能实现自己更壮阔的政治理想。

历史总是给人这样一种感觉：在各种事件错综复杂的发展过程中，似乎冥冥之中总有天意安排。其实，早在十常侍专政时期，曹操就曾被任命为东郡太守，成为独当一面的地方大员，但因为他不满朝政的昏暗，毅然辞官还乡。而在此刻，当曹操重新渴望拥有根据地时，上天再一次把本就属于他的东郡“还”给了他。

这件事要从曹操离开后的关东盟军说起。兵家通常认为，只有打了胜仗，人心才是齐的。而拥兵十余万，旨在讨伐董卓的关东盟军，除去曹操等偏师与董卓的西凉军有过几次小规模的交锋之外，其主力绝大多数时间都“窝”在酸枣，无所事事。迁延日久，自然不免人心离散。先是兖州刺史刘岱与东郡太守桥瑁交恶，刘岱杀了桥瑁，派王肱取而代之；后是北平公孙瓒南下进犯冀州，袁绍借机取代韩馥，自领冀州牧。看到即便是盟主无耻地欺凌“属下”，看到盟友间的相互攻杀，关东盟军顿时土崩瓦解，各回各家，各找各妈。从此，没有忠义，只有利益；没有朋友，只有敌人。

就在王肱成为东郡太守的第二年，趁董卓之乱新兴起的农民起义军黑山军十余万进攻东郡，东郡部队无法抵挡，王肱只好邀请此时屯兵河内的曹操前往救援。在濮阳，曹操率援军将入侵的黑山军击败。在袁绍的表奏下，曹操当上了东郡太守。东郡，注定将成为“太祖”的龙兴之地。

有了东郡作为根据地，曹操能够更从容地整军经武、储粮备战。次年，曹操再次进攻黑山军，进而北上内黄击败了匈奴南下的于夫罗部队。东郡之地，境内各股势力被彻底肃清，就此成为曹操坚实的大本营。

正当东郡一地并不能满足曹操日益膨胀的雄心的时候，一块更大的地盘无巧不巧地“砸”给了他。青州的黄巾军余部发展迅速，以百万之众侵入兖州，所向披靡。刺史刘岱自恃经营有术，拒绝了鲍信“坚壁清野”的建议，主动迎击黄巾兵锋，最终寡不敌众，力战身亡。历史再一次证明，鲍信和曹操一样，同属于那种“一贯正确”的人，但他们的正确意见却也被一贯拒绝。

面对刘岱身死，兖州群龙无首，眼看就要失陷贼手的局面，“一贯正确”

的鲍信再次做出“一贯正确”的决定——到东郡迎请“一贯正确”的曹操来兖州解围。只可惜，这是他生命中最后一次“一贯正确”。鲍信在曹操大军赶到后，亲自上阵，与黄巾军浴血拼杀，又“一贯正确”地选择了属于英雄的死亡方式——在最后一场战斗中战死。

最终，曹鲍联军以少胜多，惨胜黄巾军，解了兖州之围，而以正确著称的鲍信却从此长眠于齐鲁大地。曹操为这位千古知己，在事业上给予自己莫大帮助的老朋友的身死悲痛不已，以千金悬赏鲍信的尸体，但仍然不能获得，只好制作木质雕像，率领全军参与祭奠，祝祷这位忠义、睿智的鲍将军。

后来证明，曹操无论以怎样的礼仪祭拜鲍信的英灵都是不为过的。因为鲍信生前给予曹操的，远不只酸枣的一言赞许和解围兖州的忠义之名，更有沃野千里的兖州地盘和足以令曹操获得更大发展的人力根基。黄巾军战败离开兖州北逃后，曹操率军穷追猛打，誓为战死沙场的鲍信报这个血海深仇。这年冬天，内无粮草军械、外无他兵救援的黄巾军放下了武器，向新任兖州牧曹操投降。

这支投降的农民军总人数在百万以上，能够作战的士兵数量也不下三十万，而且都是“一手拿锄头，一手拿枪杆”的全能战士。曹操挑选其中的精锐者，编为“青州兵”，由曹氏诸将分别率领。后来证明，这支军队除少数时候给曹操惹点事之外，在他未来征战天下的事业中成了中坚力量。

兖州一役，曹操收获了梦寐以求的地盘和军队，实实在在当了一回“爆米花”——发大了。下一步，他将在群雄逐鹿的舞台上登场献艺，争取那至高无上的桂冠。

曹操在军事斗争中，常常以那些出人意外、以奇制胜的方法对付敌人。这并不是靠偶然和侥幸，而是因为他的智慧和见识超出了常人，能够见人所未见、发人所不能发，提出常规之外的解决办法，而这正是他高人一筹、常操胜算的原因。

成功之道

抓住机遇，助力成功

机不可失，失不再来。从天而降的机会总会带来事半功倍的效果，在它到来之前的准备当然很重要，但在其到来之时能够准确判断并把握的“动作”，则更需要睿智与果断。一个人的成功之路，正是一条不断识别机会、抓住机会、利用机会的道路。擦亮你的双眼，磨尖你的牙齿，在机会到来时勇猛地撕碎它吧！

7. 目的一个，手段要多

常言道："条条道路通罗马。"也就是说，同一个目标，许多途径都可以达到。用曹操的话讲就是：目的一个，手段要多。

由于袁绍等几路诸侯的自相残杀，声势浩大的关东盟军最终分崩离析。但是，诛杀国贼董卓的事业却并未因此而停滞不前。初平三年（公元 192 年）春，身在长安新都的司徒王允等朝中反董势力，经过长久的精心部署谋划，最终一击制胜：国贼董卓，死在了他最亲信的部将吕布手中。但由于王允等人在处理董卓的西凉军时力求矫枉过正，逼得董卓的部将李傕、郭汜狗急跳墙，导致王允被杀、吕布出走，中央政权又落入傕、汜二将手中，大汉王朝又一次失去了中兴的机会。

虽然仍旧控制着皇帝，掌握着所谓的中央政权，李傕、郭汜二人对王朝的实际控制力远比他们的前任董卓逊色得多。在洛阳以东和帝国南部的广大地域，盘踞冀州的袁绍、控制兖州的曹操、拥有两淮的袁术、初定荆州的刘表等人的势力，都获得了突飞猛进的发展。乱世英雄起四方，有枪就是草头王，以争夺土地、财富、人口的军阀混战局面已经形成。

在这种局面下，快速扩充自己的实力也已成为兖州牧曹操此时的中心任务。在储备粮草、训练军队的同时，曹操更意识到，当今什么最重要——人才。占据兖州时期的曹操，得到了更多勇猛武将的青睐，"五子良将"

中的于禁、被曹操誉为“恶来”的猛将典韦，都在这个时期投入曹操的麾下。

在关东诸侯联盟时期，曹操曾就讨伐董卓可能出现的失败局面，与盟主袁绍有过一次交谈，他的方略是“吾任天下之智力，以道御之”。由此可见，此时曹操并不是一个好勇斗狠、专恃强横的军阀，而是更加注重谋略在“大争之世”的重要性。在此思想的指导下，曹操在兖州“收获”了他前期五大核心谋士中的四个，他们是荀彧、荀攸、郭嘉和程昱。有了这些“智囊”的相助，曹操的征战更多了几分“巧劲”，扩充实力的行动更加游刃有余。

在曹操盘整兖州、分兵屯田的备战时期，一个不速之客却不请自来，叩开了兖州的大门。这个人，就是曹操昔日的关东盟军盟友——后将军南阳太守袁术。由于荆州牧刘表对驻扎其防区东北的袁术所部施压，并断绝其粮道，袁术只好北上陈留，与黑山军余党联合，企图侵占曹操所属的兖州地盘，作为自己的根据地。

此时的曹操，已不再是那个仰人鼻息的奋武将军，而是手握重兵、实力雄厚的兖州牧了。面对袁术的进犯，曹操毅然率军迎战，在匡亭、封丘、襄邑、太寿、宁陵等地连战连捷，硬生生地把袁术逼回他的老窝淮河流域，再一次稳固了兖州的局势。这一年，曹操趁着击败袁术的兵锋，又攻击据守徐州的陶谦，连打下十余座城池，打得陶谦闭门不出。

几仗下来，陶谦算是见识了曹操的厉害。自认不是曹操对手的他，想要好好拍拍这位新兴起的实力派大员的马屁，与他建立“外交关系”。正巧有个机会：曹操的父亲曹嵩全家迁往兖州，途经陶谦的徐州防区。为了表明友好之意，陶谦派出庞大的“代表团”护送曹父一行，却不料所用非人，护送将官觊觎曹家行李中沉甸甸的黄白之物，手一痒，杀人越货。一生致力于聚敛财富的曹嵩，却因财富死于非命。

这可惹怒了阎王脾气的曹操，杀父之仇不共戴天。陶谦啊陶谦，你的命和你手中的徐州，都将成为我父亲的祭品；而户口百万的徐州，最终也会成为我父亲“留”给我的宝贵“遗产”。政治家的父亲是悲哀的，因为即便是自己的死，也会成为儿子达到某种政治目的的手段。这个政治目的，肯定在死之前就已经存在，即便是父亲的死，并非绝对必要、绝对有价值的！

在冷血的政治家中，曹操应该算是比较重视孝道和亲情的人，因此他宣布：我曹操此行虽然全军出动，但目的并不是夺取徐州，而是拿陶谦的狗命。也许是仁义使然，抑或是见招拆招，陶谦把曹操“复仇”的口号错当作了曹操退兵的“条件”。好吧，既然你是冲着我陶谦而来，那我也没什么好解释的，我愿意引颈就戮，换取曹将军你的退兵，换取徐州的安定和平。

真是被你的天真打败了。陶谦这一番“诚恳”顿时把刚刚承受丧父之痛的曹操逗笑了：我曹操又不是武侠小说中的大侠，出动这么庞大的阵容，只拿你陶谦一颗人头做“军费”，那曹操就不是曹操了。

由于“世界观”存在巨大差异，曹操与陶谦在徐州仍然展开了交锋。这一次，曹操又攻占了徐州数城，并击败了前来增援徐州的刘备部队。徐州的军争基本结束，但陶谦为自己的“天真”所付出的代价却远不止这些。身肩“血海深仇”的曹操，还让徐州境内的许多百姓成了曹嵩的祭品。

至此，我们有必要讨论一下曹操“世界观”的转变。原本为国为民的“义兵”，缘何在徐州突然转变为残害无辜的“暴兵”呢？真的是曹操被复仇冲昏了头脑吗？如果用戏剧的逻辑看待、分析历史，我们就会犯和陶谦一样的错误——天真。在思考问题之前，我们需要重申一下曹操的基本“属性”并重复三遍：政治家、政治家、政治家。

好了，印象深刻了。现在，我们从政治家的角度分析曹操在徐州大开杀戒的原因。以前，曹操的部队吊民伐罪，潜台词叫作“顺我者昌”，为的是民众的支持；现在，曹操的部队肆意杀戮，潜台词则是“逆我者亡”，同样为的是民众的支持。目的一个，手段要多，这就是曹操新出炉的打天下的基本模式。

今日的曹操，在继续履行“送子观音”职责（生）的同时，兼有了另一个身份——十殿阎罗（杀）。

曹操使用的这些手段，对他来说作用很大。他意识到做事此路不通时就要换个角度思考一下，不可一条路走到底。这些手段让他以后的战略、战术更加成熟，更加完善。

成功之道

同一条路，不同走法

在明确目标之后，我们要做的一件很重要的事，就是选取通往目标的路。人，应该清醒地认识到，通往成功的路往往不是一以贯之的“单行道”，而是岔路叠生、错综复杂的“迷宫”。只有充分发挥自己的能动性，不断地通过探索“裁弯取直”，才能以最短途的走法走向终点。

第3章

挟持天子，以令诸侯

——看清局势才会有更多胜算

在那个时代，皇帝永远决定臣子的命运。曹操在政坛的真正起飞，就是从对这个棘手问题给出一个“满分答案”开始的。“周公吐哺，天下归心。”迎奉天子，迁都许昌，一跃成为大汉王朝“周公”式的人物，是曹操一生中最得意的手笔。从此，他有了一面令“天下归心”的最光辉的旗帜。

1. 应劫而生的“奸雄”

占据兖州的曹操连年征战，在山东一带的袁术、陶谦、刘备、吕布等人先后成为曹操争夺地盘的对手。虽然胜多败少，看似战绩辉煌，但归根到底还是属于摸着石头过河的“小施展”，这些成绩显然并不能满足志在天下的曹操的胃口。兖州征战时期，曹操集团的长期总体战略逐渐形成。

在兖州，曹操除了得到二荀（荀彧、荀攸）、郭嘉、程昱等人之外，还收获了一名天才的“布局”高手——毛玠。曹操通过与他们反复探讨，最终形成了一个称霸（或者是统一）天下的完整方案。

这个宏大的战略可以大致分为三个方面：政治战略、经济战略和军事战略。

其中以政治战略为主导，核心是对天子的“控制权”。曹操和毛玠对天下大势做出了一个基本判断：此时的大汉王朝已经与春秋战国无异，是名副其实的乱世了。在乱世中，各路诸侯的相互攻伐不可避免，谁能以最快的速度扩充实力，谁就能击败其他对手，完成最后的统一。虽然是诸侯割据，但皇帝仍然存在，仍然是名义上的“天下共主”。如果能够迎奉正在蒙难的天子，就能够在海内外人心的争夺上先拔头筹；如果能够进一步控制天子，则可以在政治上永远占据制高点。

如果说控制皇帝是漂亮的外表，那么雄厚的经济实力则是征战天下重要的内在。自从黄巾起义爆发以来，天下烽火连年，百姓的农业生产遭到毁灭性的破坏，经济已趋于崩溃。在这种情况下，谁能够让百姓吃上饭，谁就能得到他们的拥护。百姓有了稳定的生活基础，曹操进行统一战争的一切所需，无论是兵源还是财源，都不成问题。

群雄逐鹿的时代，军事上的战略显然一马当先。毛玠并不是专业的军事家，他为曹操规划的军事纲领只是宏观战略——“蓄军资”。实质上，这个纲领与政治和经济纲领是相统一的：政治上以天子大纛征战，军事行动就是正义的；经济上社会生产快速恢复，可供征调的粮草、可以打造的军械、可以驯养的战马就源源不断。有了装备优势的正义之师，在理论上便是不可战胜的。

这个宏大的战略计划是正确的，同时也是具有可行性的。因为这个计划的第一步——迎奉天子的机会，已经及时地摆在了曹操面前。

董卓、王允先后被杀，大汉帝国的“中央政权”落入了董卓的部将李傕、郭汜手中。事实证明,包括董卓在内的这些“野蛮人”个个都成事不足、败事有余。因为这些人无论什么时候，总要闹出点动静来，没有一刻是消停的。早在董卓大权独揽的时候，吕布就分裂出去了，还亲手杀了董卓；现在是权分两家、政出多门，内乱自然更不在话下了。

先是郭汜的某位醋坛子夫人担心郭汜看上李傕的侍妾，给丈夫吹枕边风挑拨离间；后是李傕请郭汜喝酒，大醉后的郭汜喝完后莫名其妙地闹肚子，于是怀疑李傕的酒里有毒。这点破事，来来回回地说不清，天子、百官谁劝都没用，最后李、郭二人竟然带兵相互厮杀。这还不算完，两人的终极 PK 还是各有人质的：一方是朝廷中的文武百官，另一方则是至尊的天子！

这段乌烟瘴气的故事讲起来是很费事的，估计也没有人愿意听，直接说结果：狗咬狗，两嘴毛。经过数月的缠斗，两人的实力日渐衰落，长安城大乱，汉献帝再次出逃。一些实力有限的二流诸侯争先恐后地发“国难财”，谁都想趁乱捞上一把。

大乱，又是大乱。这种状态在数十年内已经出现好多次了，但国家的这种状态却在客观上给有志伸展的人提供了一次次机会。黄巾之乱，给了何进剿灭宦官集团的机会；阉宦之乱，给了董卓把持朝政的机会；而这一次长安城的傕、汜之乱，则把机会送给了已经具备相当实力，并已有较明确发展纲领的曹操。

在这个时代，曹操能够运用不平凡的智慧，战胜平凡的出身（宦官之后），也战胜平凡的相貌（身材矮小），更战胜自己平凡的“道德”（与孝廉身份不符），做个最不平凡的人，创造最不平凡的事业。

大乱中的曹操，走上了为之奋斗终身的“奸雄”之路。

曹操善审时势，所以总能找到良机，乘势而取。“治世之能臣，乱世之奸雄”，用这个判词形容曹操真是太精辟了。对于最广大的大汉百姓来讲，这是最坏的时代；但对于志在天下的曹操，这却是最有利的时代。

成功之道

时势造英雄

《红楼梦》里的贾雨村说，有人应运而生，有人应劫而生。这里所说的“运”和“劫”，最“科学”的解释还是天下大势。人无论从事哪行哪业，都应该对“大势”做出正确的判断。这个“势”可能不至于“大”到天下，但一定是宏观的思考。然后，顺势而行，尽力而为，治世做能臣，乱世当奸雄。如果反其道而行之，逆潮流而动，就只能被归为“反动”了。

2. 把皇帝当作挡箭牌

长安李傕、郭汜之乱后，代表大汉王朝中央政权的天子就像一支热门的股票一样，一年之间几易其手，最后落到了韩暹、董承、杨奉等人手中。一直在密切关注着皇帝“行程”的曹操，判断此时正是出手“抢购”的最佳时机。为什么偏要选在此时动手呢？因为如果是早些时候，控制皇帝的李傕、郭汜等人兵强，要从他们手中抢夺皇帝无异于再发动一场讨董战争，而这次不会再有十一路诸侯的联军了；再晚一些也不行，因为盯着皇帝的人太多了，若是几路迎驾人马发生撞车，那就有可能出现恶性竞争。

道理已经很明显了：秦失其鹿，天下逐之；一人得之，群雄乃止。迎奉天子正在此时。但是这个决议一经提出，曹操集团内部却形成了意见截然相左的两派，反对迎奉天子的人还不在少数。他们指出：兖州地面刚刚安定，我们应该留在这里继续积攒实力；现在洛阳方面的情势还不甚明朗，如果贸然西进，势必成为韩暹、杨奉、董承等人的众矢之的。董卓进京的前车之鉴就在眼前。

持反对意见的人显然对曹操集团的整体战略还不了解，现在有必要把奉天子以令天下的整体战略进行一下广泛的宣讲了。面对反对派，曹操的首席谋士荀彧挺身而出。他强调：曹将军的势力之所以能够不断壮大，归根到底是因为高举一面正义的旗帜，而现在天子蒙难了，迎奉天子就是最正义的事。此举一旦成功，咱们曹将军就会成为人心向往的中兴名臣。董卓身死是他自己乱政造成的。要举例子，就举晋文公、汉高祖，他们都是从迎奉天子之行中得利巨大的。现在，机不可失失不再来，要被其他人抢了先，后悔就晚了。

荀彧不愧为曹操口中的“子房”（“汉初三杰”之一张良），这一席话有理、有力、有节，打消了反对派们的顾虑，说服了他们。曹军内部了解了整体的发展战略，达到了空前的团结，西进洛阳、迎奉天子成为所有人的共识。

可是，当迎奉天子一事的反对派们纷纷消除顾虑、转变态度支持此事的时候，他们的顾虑却成了现实。曹操派出的西进先锋曹洪遭遇了董承等人的拦阻，且对方占据险关要隘，以逸待劳，曹洪所部进退维谷。

正当曹操为此研究对策的时候，这个棘手的难题竟然迎刃而解了。这个利好消息，正来自于曹洪当年的对手之一——杨奉。作为当时皇帝的“所有人”之一，杨奉因为要对抗其他几路人马，主动置书兵强马壮的兖州牧曹操，邀请他率领所部西进洛阳（天子因李傕、郭汜之乱离开了长安），共同迎奉天子。刚刚回书杨奉，另一个对手董承因为忌惮韩暹势大，也暗自来结交曹操以为外援。此时，曹操通往洛阳的大门已完全敞开。

事情到此，我们不得不佩服曹操选取时机的能力——这确实已经是曹操能够迎奉天子的最好时机了。正是因为韩、董、杨几人互相攻杀的混乱局面，曹操的西进才达到了兵不血刃的最佳效果，这就是兵法中“乱而取之”的真谛。

这一天，是个光辉的日子。遍身戎装的曹操骑着高头大马，身后簇拥着千军万马和初升的朝阳，再一次回到了故都洛阳——这里是他“梦”开始的地方。当年狼狈不堪的出逃和今日万众欢腾的迎归，形成了鲜明的对比。马上的曹操意气风发，他已经清楚地意识到：他，曹孟德，将从今日起逐步登上权力的巅峰，施展深藏心中的远大抱负。

初见皇帝，曹操摆出了一副勤王忠臣的架势，要求天子下诏追究抢夺皇帝的韩暹、张杨等人的责任，却被皇帝婉言拒绝了。皇帝天真地认为：比起当年在董卓、李傕、郭汜的手中，韩、张等人对朕也算是不错了，还是对他们既往不咎吧。今后，朕和大汉江山，一切就要仰仗曹爱卿你了。

为表彰曹操的迎驾之功，曹操被加封为司隶校尉、录尚书事，成为大汉王朝中央政府实际的“当家人”。但这司隶校尉之职，却令曹操哭笑不得，因为此时王畿周围的司隶州仍然掌控在李傕、郭汜、樊稠、张济等西凉军余党手中，并不是皇帝封给曹操，曹操就能够接管的。

名实不能相符，其实并不是一件十分值得“纠结”的事，但此事却触动了曹操一根敏感的神经。李、郭等人仍旧控制着洛阳以西的广阔地域，而率兵西进洛阳的曹操，已经远离了自己的大本营兖州、豫州等地，虽然表面上控制了皇帝和帝国中枢，但实际上仍然是如履薄冰。形象地说，曹操人虽然到了天子身边，可是脚却落不到地下——他要一直悬空待着了。

这个问题迫在眉睫，必须马上解决。曹操不可能到司隶州去“上任”，那么就让司隶州搬搬家吧。

由此，可以看出曹操比别人高明多了，他最终成就霸业的关键一步棋就是没有换掉皇帝，反而利用这个现成的皇帝，还把这个皇帝客客气气地供奉起来，利用皇帝这张牌来号令天下，把皇帝当作自己做事的挡箭牌，以此达成目的。

成功之道

虚实要结合

戒虚务实，这是很多人总结的成功法则，但在成功之路上，务实的同时，也要务虚。因为虚和实并不是完全对立的，它们通常会统一在一起。“虚”并不是单纯等同于大言欺人，它的范围其实很广，包括道德、诚信、信仰、占据道义制高点的正义等一切与主观能动性相关联的东西。这些“虚”的东西随时可能发生质变，创造未来宝贵的“实物”。人立于世，虚实结合，才能把握正途。

3. 换上自己一班人

建安元年（公元196年），曹操率部西进洛阳，迎奉天子，因功被封为司隶校尉。这确实是一个名副其实的大官，该官职有监察百官的职责，与御史中丞、尚书令并称“三独坐”，都掌管着要害的实权部门。在朝外，司隶校尉除却监察权，还有行政权，管辖区包括长安、洛阳周围的七个郡，控制大汉版图中最核心的地盘。在何进掌权后期，袁绍就被任命为司隶校尉，他才因此能够在何进横死后迅速聚集力量，一举铲除整个宦官集团。

司隶校尉是曹操从政以来获得的最有价值的官职，可实际上，曹操却并不能真正履行他的职权。因为当时司隶州所属的七个郡，除了残破不堪的洛阳以东等少数地区，绝大部分腹心地带都在西凉军与当地小军阀手中，曹操的政令是不可能向这些地方颁布的。

这个问题只是曹操当前所面临困难的冰山一角，真正的核心问题在于——如何把刚刚“抢夺”到手的皇帝“抓”紧。这时，洛阳本地的一个人给曹操想到了个万全的解决办法。此人名叫董昭，官拜议郎，后来的事实证明，他是除毛玠外另一位曹操政治蓝图的“总设计师”。早在曹操刚刚离开兖州西进时，毛玠就建议杨奉联合他，曹操的迎奉天子之路由此打开了大门。

如果说董昭第一次的建议是把曹操请“过来”的话，这一次他的意见就是让曹操还“回去”。董昭说：现在洛阳地区的各方势力盘根错节，大家都盯着皇帝——这块曹将军你刚抢到嘴的“肥肉”，所以你在洛阳辅佐皇帝是不明智，也是不可能有所作为的。还是把天子迁到许县吧，你的司隶校尉也到那里去做，现在形势紧迫，曹将军你得当机立断啊。

英雄所见略同，这也正是曹操所想，只是具体把天子迁到哪儿还拿不准主意，毕竟此事非同小可：从迎奉天子之日起，我曹操就要在中央“混”了，中央在哪儿，我曹操的统治中心就在哪儿，那里也就是我曹操集团的大本营。曹操正在犹豫，董昭却已提出了一个明确的地点——许县。许县距离洛阳东南百里开外，属于豫州境内，离曹操原本所在的兖州很近。曹操曾经在这里征讨当地的黄巾军，也有一定的人心基础。

把汉帝国的首都迁到山东海边（兖州），无论如何也是说不过去的；就算强行迁过去了，大本营偏居一隅对曹操集团未来的发展也是不利的。那就许县吧，这里是中原大地，是我曹操生长的地方。曹操最终拍板。从此，大汉王朝的国运与曹操个人的命运绑在了一起，曹操真正成为朝廷的大脑。

天子此时自是无可无不可，听任曹操把他的司隶州，也是大汉王朝的国都搬到了许县，成为今后历史上如雷贯耳的许都。曹操担任王朝的新任“大脑”后，帝国中枢的权力巨变开始了。因为曹操知道，只有大脑发号施令，是不足以支配整个大汉躯体的。肢体应该是我的，血液应该是我的，神经还应该是我的。只有这样，我才能运用自如，真正把大汉的命运掌握在自己手中。

于是，换血开始了。首先是自己被封为大将军、武平侯，成为名实相符的大汉王朝 CEO。然后是封董承等十三人为列侯，给这些潜在的政治对手高官厚禄，把他们控制在许都之内，高高地“挂”起来。接着，就是把自己的一班人安插在各个权力要害部门：首席谋士荀彧为侍中、尚书令，为曹操处理一切民治、政事；谋士荀攸为军师，郭嘉为司马祭酒，参赞军机要务；毛玠等担任典农中郎将，谋划屯田事宜；另外，程昱为东平相，董昭为洛阳令，满宠任许都令，掌控京畿。武将方面，夏侯惇、夏侯渊、曹仁、曹洪等为将军，于禁、李典、乐进、徐晃等为校尉，许褚、典韦为都尉，分掌军队。自此，大汉王朝从内到外、自上而下都留下了曹家的烙印，直至走向灭亡。

这一天，在新都许都的皇宫内，钟鼓大乐，百官上朝。十五岁的汉献帝刘协面南而坐，接受文武朝拜后，他从宝座上站起，走向了武将班中的第一人——四十一岁的大将军曹操，牵住他的手重新走回龙座。从此之后，皇帝的宝座边站立着这个人。这个位置，原来属于董卓，今后将属于曹操。

这一天，曹操是距离皇帝宝座最近的一个人。

曹操知道，要想成就霸业为后世铺平帝王之路，就必须架空汉朝天下，换上自己的一班人，从而造就一个自己说话算数的实体政权。因此，曹操从“复出”的体制转换中，用他的一套人马取代了汉献帝所在的中央政府，从此“政自曹出”。

成功之道

“护食”也是人的本能

一朝天子一朝臣。当一个人新登权力巅峰的时候，势必会对手下的人员构成重新洗牌。这种近乎残忍的非常手段似乎太不近乎人情，但如果你不幸成为其中一员，与其发出鸟尽弓藏的叹息，不如去想想这种反常而又惯常的举动背后的真正原因。那就是人“护食”的本能，和动物一样，谁要抢我口中的食物，我就和谁玩命。只有身边都是自己人的时候，他们才会有安全感。

4. 看清局势才有胜算

迁都许都后，曹操控制大汉帝国的中央政权，但帝国四分五裂的局面并未发生任何改变。动辄能够以皇帝的名义发号施令的曹操，仍然只是这群雄割据时期的一方势力，且并不是实力最强的一方。此时身处中原要冲之地的曹操周围，可谓是群狼环伺、险象环生。

在北面，袁绍正在加紧攻打公孙瓒。眼见公孙瓒的幽州地盘日益缩小，袁军随时有可能竟成全功，拿下他的大本营北平。一旦公孙瓒失败，袁绍就将完成他在关东盟军讨董卓时期的战略构想：势力向南到达黄河，向北到达燕山、太行山一带，连同北方少数民族的力量，向南争夺天下。东汉十三州，袁绍占据冀、青、幽、并四个，实力远在曹操之上。

在东面，曾经被曹操击败的吕布，借着曹操西进迎奉天子的空当卷土重来，占据曹操朝思暮想的徐州，联络袁术、刘备，窥伺曹操所属的兖州地盘。

在东南，野心最大的袁术久据富庶的江淮流域，并且得到了天下至宝——秦始皇的传国玉玺，称帝的野心已昭然若揭。

在南方，在刺史刘表的精心治理下，受战火波及较小的荆州地带也有了较大发展，汉室名臣、山林隐士纷纷前往归附。

除去与曹操势力范围直接接壤、势力较大的四人之外，孙策借袁术兵马前往江东，几年之间就打下六郡八十一州县；西北方的豪强马腾、韩遂重新整合凉州之地，势力崛起迅速；当然，还有虽然颠沛流离却有英雄之志的大汉皇叔刘备。他们都是曹操必须要面对的你死我活斗争中的强大对手。

现在曹操生活在夹缝中，必须不断“做文章”，有片刻喘息都会被夹死。可是这篇文章却也着实难做，许都新定，曹操在朝廷内部要做的工作还有很多，而攻打以上这些实力派军阀是他现在力所不及的。因此，曹操听从了谋士郭嘉等人的建议，在内部坚持屯田、积蓄军资的同时，在外部攻伐作战中采用秦始皇统一六国时的战略——先弱后强，各个击破。

这个战略俗话叫作吃柿子捡软的捏。曹操看中的第一个软柿子，是南阳的张绣。

张绣的势力原本属于董卓的西凉军。他的叔父张济跟随董卓一同进京，后又参与了李傕、郭汜“犯长安”的叛乱活动。傕、汜二人失败后，张济率兵流窜到洛阳南方的南阳一带。在这里，张济率兵进犯刘表的荆州地盘，在战场上被杀。由于刘表并未对张济败兵赶尽杀绝，而是施行怀柔政策，继任统帅张绣便与“杀叔仇人”刘表结为盟友，还驻扎南阳的宛城地区。由此看来，张绣虽然是曹操选中的软柿子，但他的身后却站着一位强有力的撑腰者：刘表。

从局面上看，曹操南征宛城的军事行动是同时对张绣、刘表两方力量的作战，他真有这个实力吗？答案是有，但这个实力并不来源于军旅战阵，而是来自曹操刚刚“抓”到的那张好牌——皇帝，还有就是对对手的深入剖析。

曹操此战的两个对手，张绣的力量有限，需要担心的是荆州的刘表，但刘表其人是值得推敲的。与袁术、袁绍等人相比，身为汉室宗亲的他应该算是大汉王朝为数不多的忠臣，翻开史书中关于刘表的部分，很少见到他参与你争我夺的诸侯混战的记载。即便是对入侵的张济，他也是坚持“自卫反击战”原则，且在战胜后马上进行了安抚工作。他只想为王朝守住荆州这块仅存的王道乐土，发展生产，保境安民。这种性格的刘表，在当时就被郭嘉等人极度看不起，被说是“自守之贼”“坐谈之客”，更被后世的《三国演义》讽刺得体无完肤。

分析完刘表其人，曹操就下定了南征的决心。洞悉人性的他清楚地看到刘表不会成为阻力的三个原因：

首先，这次是打着皇帝名义的奉旨出征。

其次，我曹操刚刚迎奉天子，控制朝政，并没有任何可以成为他人口实的“不良记录”。

最后，此次出征并没有直接进攻刘表的荆州之地。

事实证明，曹操出征前的判断准确无误。“天子之师”首次出征便旗开得胜。大军刚刚出发，自知不敌的张绣便遣使投降；而刘表，则没有任何动作地“默认”了。

到此时，所有人都不得不佩服曹操的深谋远虑、料事如神，也包括兵不血刃进入宛城的曹操自己。这一次，曹操被巨大的胜利瞬间冲昏了头脑，表现为动了两个不该动的人：一个叫胡车儿，是张绣的贴身侍卫。曹操的爱才之心令投降了的张绣惶恐不安，总觉得曹操想要对自己斩草除根。另一个则是张济的妻子、张绣的寡婶，大美女。曹操在接管宛城后也顺便接管了一下这位寡婶，把自己奉献出来与张绣“和亲”，当了一把张绣的继任叔父。

降将也是有尊严的，受辱的张绣用反叛把这个道理讲给了尾巴已经翘到天上的曹操。在谋士贾诩的策划下，张绣率领的军队出其不意地趁夜发动突袭。曹军猝不及防，被打得落花流水。曹操侥幸死里逃生，长子曹昂、侄子曹安民、贴身爱将典韦则全部战死。历史证明，得意真不能忘形，冲动真是魔鬼。

这些仍然不够，失败的混乱一直延续到曹操北撤途中。由于失败，夏侯惇统领的部分青州兵中的黄巾贼本性复发，一路劫掠，准备另行出路，只因大将于禁的果断镇压才勉强制住。

事后，狼狈不堪的夏侯惇跪在了同样狼狈不堪的曹操面前，自请处分。可此时曹操想的却不是处置统带不力的部将，而是因为自己的得意忘形致使本次出征功败垂成的紧迫局面。

经此一役，曹操明白了在面对不断变化的形势时，要冷静沉着、理智思考、戒骄戒躁，分清局势的利弊得失，高瞻远瞩，果断决策，抓住机遇。机会是转瞬即逝的，看清局势才能抓住机会，才能分析清楚客观情况的变化，并根据这些变化迅速地调整自己。千万不可让骄傲蒙蔽了双眼，一定要使自己的一举一动都符合这一变化，从而取得成功。

成功之道

得意不可忘形

在古罗马出征将军的凯旋礼上，上至执政官，下至平民百姓，都会站立城门两旁，用鲜花和掌声庆祝英雄的得胜归来。将军则可以安坐车中，欣然享受这一切尊荣。但在他的身后，总会有一个“讨厌”的“耳语者”，只在将军耳边重复一句话：一切荣华富贵都是过眼烟云。“耳语者”看似令人不胜其烦，实际上却不可或缺。无论对于谁，胜利总是令人得意的，但得意的时候一定不能忘形。人在取得一定成功而又想争取下一次成功的时候，先当好自己的“耳语者”。

5. 通过疏导创造有利的态势

面对群狼环伺的局面，曹操确立了先弱后强的争霸战略：首先发兵进攻实力较弱的张绣等人；而对一时还无法撼动的袁绍等人，则采取示弱安抚的方式，在不损伤自己核心利益的前提下，“请”皇帝对他们有求必应。基于此种麻痹对手的考虑，曹操让出了仅仅就职一个月的大将军头衔，而取代他的就是儿时的好友——袁绍。

曹操和袁绍，是一起“偷新娘”的儿时伙伴，青年时期又是一起剿除宦官的同僚，还在关东共同参加了讨伐董卓的战争。他们又是在什么时候分道扬镳的呢？史书上没有明确记载，但也有线索可寻。曹操在他的一首诗中曾经写道“淮南弟称号，刻玺于北方”，前一句说的是之后发生的袁术称号事件，而后一句讲述的故事应该就是袁曹分裂的开始。

这个故事发生在初平元年，关东盟军讨伐董卓时期。董卓挟持皇帝迁往长安后，盟主袁绍仍然担心西凉军势大，不敢率联军西进。鉴于双方东西对峙的局面即将形成，袁绍认为，天子掌握在董卓手中将成为关东盟军极大的威胁。因此与冀州牧韩馥商议，要立幽州牧、宗亲刘虞为新皇帝，在关东地区另立中央，与董卓的长安政权分庭抗礼。

立皇帝就必须要有玉玺，袁绍也私自造刻了一个，拿着这个玉玺去找曹操，表明有玉玺就是天命所归，咱哥俩一起当后汉的开国功臣得了。但敏锐的曹操迅速察觉了袁绍此举的野心，果断拒绝了这位发小“宗派主义”的拉拢。史书上由此留下了一句殊堪玩味的话：“太祖由是笑而恶焉。”

我们可以想象一下曹操当时的表情，估计这个“笑”也是硬挤出来的，而这个“恶”则是发自内心的鄙夷。这个另立事件最终以失败告终，原因是“候选皇帝”刘虞本人的拒绝。但曹操却从中看到了袁绍的真面目：此人虽然是关东盟军的统帅、讨伐国贼董卓的旗手，骨子里却也和董卓一样，有一颗篡汉的心。

从此，袁绍和董卓一样，被曹操拉入了“黑名单”，而且是你死我活的对手,这在多年之后曹操始终对此事的“念念不忘”上得到了充分的证明。我们不能揣测初平元年的曹操到底是因为什么“恶”袁绍，但可能的两种原因却是殊途同归：如果曹操仍然立誓终身做“治世之能臣”、光复大汉河山的话，有篡汉野心的袁绍就必须铲除；而如果当时曹操自己也有篡汉之心的话，袁绍更是自己的竞争对手。

总之从那时起，袁绍在他自己并未知觉的情况下成了曹操心中的敌人。表面上，二人始终保持着友好的关系，可是这种友好在豪情仗义的袁绍一边，更多地表现为“哥们儿义气”，而在城府更深的曹操方面则全部都是“虚与委蛇”。也就是说，曹操对袁绍的“忽悠”一直在进行，建安元年这次的“药”是大汉政府的大将军。

曹操迎接天子建都许昌后，因功被封为大将军，而为了拉拢实力强大的袁绍，曹操“表奏”天子，让袁绍担任了太尉。本来想拍拍这哥们儿的马屁，却不料拍在马腿上，袁绍对册封坚辞不授。明白了，小时候玩打仗袁绍每次必须当老大，这就是老大脾气又犯了。太尉不太尉的袁绍可能根本就不在乎，他在乎的是太尉的官阶比大将军低。这次的新“游戏”曹操成了老大，所以袁绍不干了。

曹操这个心里，不是难受，而是舒服，无比舒服啊。这一次虽然拍马屁拍砸了，却无心插柳地完成了一次巧妙的“火力侦察”，真佩服袁绍仍然能够保持孩童一样的天真,还是这么“可爱”啊。原本以为是“庞然大物”的袁绍，这次的表现就好像是“蹄之”——踢了我一脚，原来自己的头号对手竟是一头黔之“驴”啊。

既然你袁大哥这么爱面子，兄弟我也不能不仗义是吧，多大点事啊，大将军让给你了，都是朋友嘛。当上了大将军的袁绍丝毫没有觉得自己被“忽悠”了,美得无可无不可,欣然上表谢恩。曹阿瞒这小子,够兄弟。“忽悠”了人的曹操，看来还不准备“卷包会”，为了准备下次再把“担架”成功卖给袁绍，他这次索性连“自行车”都没要。辞去了大将军的曹操连太尉也没当，只担任了一个徒有虚名的司空，还代理车骑将军，直接成了袁大将军的部下。

袁绍这人活得太“统一”了。前一次，他以为刻一个玉玺就能另立皇帝了；这一次，他又以为当了大将军就能指挥曹操。他不知道，这一番“折腾”除了让他得个嫉贤妒能、贪慕虚荣的恶名之外，得不到任何好处；而得到谦让美名的曹操，更能在袁绍的“默许”下毫无后顾之忧地征讨淮南袁术、徐州吕布，实实在在地拓展了实力——毕竟这回袁绍吃了人家的，也拿了人家的，哪儿都短了。

北方的袁绍被稳住了，曹操大军的铁蹄迈向了南方。

那么，他是如何做到这一点的呢？我们说，曹操重权谋、重权术，他能在狠招用绝的情况下依然维持自己势力不衰，全在于能够审时度势、因势利导。

时势是不断变化的，要摸清规律。当看到形势对自己不利时，就要想方设法扭转局势，而曹操改变局势的好方法就是疏导，创造对自己有利的态势。而事实也证明，这个方法对他称霸一方确实起了重要作用。

成功之道

造势有时比作战更重要

同样面对滔滔洪水，鲧用强硬的堵的方式，最终一事无成；而禹却能用更柔和的导的方式收获全功。这是中国古典哲学的经典杰作——柔弱胜刚强。一个人在通往成功的路上，势必会遭遇各种各样层出不穷的阻碍。如果每次都乘风破浪地冲锋，则再强的人也会力有不支。而如果适时施展“化骨绵掌”，巧妙布局，创造有利态势，就能事半功倍：既扩大战果，又减少“伤亡”。

6. 巧用霸道和王道

曹操通过“忽悠”袁绍，暂时解除了许都北部的威胁。这段忽悠来的“空当”为期长达五年，即由建安元年曹操迁都许昌开始，直至建安五年（公元 200 年）官渡大战爆发。东汉帝国势力最为强悍的两股力量——曹操集团和袁绍集团，始终相安无事。

后来证明，这个时期对曹操的发展起到了关键作用。曹操在这五年始终处于向南征战的状态，如果袁绍趁此机会挥师南下，进攻空虚的许昌，曹操将失去多年来苦心经营的一切。但是，袁绍并没有这么做，完成攻灭公孙瓒的战争后，新任大将军袁绍始终没有再动刀兵：即便是曹操正在攻打他的胞弟袁术。

稳住袁绍之后，曹操南征的兵戈首先指向的就是袁术。表面上看，这不符合逻辑，因为太像有意刺激袁绍了，而袁绍是此时的曹操惹不起只能供起来的；并且也不符合曹操制定的“先弱后强”的战略原则，因为久居富庶的淮南地区的袁术，实力虽然不及其兄袁绍，却也远在吕布、张绣、刘表之上，与曹操在伯仲之间。

但事实上，这既符合逻辑，又符合战略，且还是唯一正确的选择。原因有二：

其一，袁绍与袁术虽然是同胞兄弟，但关系并不好。袁绍虽说是兄长，却是庶出；袁术是弟弟，反倒是嫡出。袁术对于这个小老婆生的哥哥是一贯地看不起，处处与他作对。在袁绍和公孙瓒的战争中，袁术甚至直接站在了公孙瓒的一边，一副六亲不认的嘴脸。因此，曹操征讨袁术不但没有惹怒袁绍，反而有为他清理门户的“讨好”之嫌。

比起第一个，第二点原因则更为关键。建安二年（公元197年），当年从孙策处强夺传国玉玺的袁术，终于按捺不住自己的野心，从阴暗的角落里跳了出来，借玉玺假托天命，自立为皇帝。

这事大了，我们不好说此时的群雄中有多少人是有“皇帝梦”的，可是晚上做完白天还明目张胆地做这个梦的，袁术是第一个，基本上也是曹丕篡汉之前唯一的一个（地方小土匪的“过家家”就不算在内了）。这一下，惹怒了天下诸侯：本可成为儿女亲家的吕布，毅然把这位新皇帝派去“宣旨”的使者连同使书送到了许都；原本借袁术兵马打下江东的孙策，立刻表示与这个伪政权终止外交关系；连实力弱小、四处漂泊的刘备，也用军事进攻的方式表示了抗议。曹操的征讨大军还没到，袁术已经是众叛亲离了。

那么曹操会来吗？当然会，此时的曹操可是大汉朝廷的股肱重臣，担负有代天子征伐贰臣的责任。正当全国各地的声讨声日渐高涨之时，许都的曹操府里却是一片祥和气氛，曹操与他的谋臣武将正在频频举杯相庆：袁术太够朋友了，他这次是直接把功劳和实惠都送到“胃”了。

坐在南下的马车上，曹操意气风发，因为此次出征并不是争人口、争地盘的不义战争，而是以顺诛逆的行动。今天曹操所做的，正是昔日太公望、管夷吾所做的。经此一战后，曹操的名字也将和他们一样光辉！

到达淮北战场的曹操，第一次感受到了“王道”之师正义的力量。在这里，割据一方且久不听“朝廷”调遣的吕布、孙策，包括以汉室宗亲标榜的刘备，都早已齐聚，只等天子派的“钦差大臣”曹操一声令下，就全军出击，千刀万剐了袁术这个“跳梁的小丑”。

还是那句老话：一切反动派都是纸老虎。见到曹操的征讨大军漫山遍野地杀过来，袁术倒也算有自知之明，一箭不发就收拾了金银细软，渡淮河南逃了。当然，由于相处时间比较长，这位新皇帝也深知曹操这家伙“贼不走空”的性格，还留下了一部分将领和兵马坚守淮北，算是新皇登基的“赏赐”。

面对如此美意，曹操自然不会客气，照单全收。接着……没有接着了，“宜将剩勇追穷寇”这场戏没发生在建安二年的历史舞台上，而是推后了整整两年。也就是说，袁术这个仲氏皇帝当了将近三年，远比一千多年后他的另一位本家洪宪皇帝（袁世凯）要长得多。

这又是为什么呢？曹操奉天子诏命而来，连战连捷后却退兵到了许昌，这其中到底有何玄机呢？有史家认为曹操当时缺粮，这一点部分史料有相关记载，但逻辑根本不通，曹操干什么来了？征讨叛军来的，不带足粮草，那不是擎等着被叛军“征讨”吗？难不成曹操能未卜先知，早就知道袁术会不战而逃？

事实上，曹操在下一盘很大的棋。这一点我们要从袁术逃到淮南做皇帝这两年，也就是建安二年到建安四年（公元 199 年）这期间曹操所做的事开始分析。对袁术“网开一面”后，曹操频繁祭出“大手笔”：

建安二年，第二次征讨宛城张绣，一雪前耻，张绣逃到南面的穰城；

建安三年（公元 198 年），再围穰城，三攻张绣；

建安三年，趁刘备、吕布反目之机，进击吕布，在白门楼缢死了这位名将，占领徐州全境，顺道把兵不多却志大的刘备带回了许都；

建安四年，平定兖州叛乱，稳固大后方；

建安四年，已历三载的屯田之法初见成效，曹操所属的地盘，“稻米流脂粟米白，公私仓廪俱丰实”。

也就是说，吕布、张绣、刘备，都在袁术灭亡前被曹操“收拾”了。至此，建安二年曹操的纵敌行为得到了准确的解释：面对袁术的称帝叛国，单纯的行王道义兵，一举剿除不难，但战果却很难落到曹操手里。这也是孙策、吕布、刘备积极“配合”的原因，这里离他们的势力更近，而远在许都的曹操根本鞭长莫及。两淮地区这块“肥肉”,一旦从袁术嘴里吐出来，马上就会落入上述几人的口中。

“邻之厚，君之薄”，曹操自然深谙此道。因此，他只有在“搞定”吕布和刘备等竞争对手之后，才给“苟延残喘”的袁术以最后一击，两淮之地方才尽落其手。事实证明,曹操这招是非常高明的,因为他没有“搞定”的江东孙策，就一直在觊觎着淮北之地，这可以从孙策死后孙权多次进攻合肥得到明确的判断。

建安四年，曹操再次出征袁术，袁术兵败病死。曹操在势力范围上完成了与袁绍决战前的最后一块拼图。

戎马一生，手握重权，又处乱世，王霸之道对曹操来说太重要了。纵观曹操的一生，其实就是王霸两道共用的一生。王道只是从理论上战胜对手，而要真正地令对手心服口服，还必须施展霸道。

曹操说过“宁我负天下人，不可天下人负我”这句话。当时他以天下为己任，我就是天下，天下即我，人负了我就是负天下，所以宁可我为天下而负人。这逻辑自然有些强盗味，然而却不俗，隐隐也透出王者之霸气。正因为曹操利用王道服人、霸道慑人，才做了人上之人。

成功之道

名利兼收的才是聪明人

在生活中，有人图名，有人为利，就像孔子说的，求仁得仁。可是，图名的就一定要一箪食、一瓢饮地过清苦生活吗？为利的就一定要成为见利忘义、唯利是图的小人吗？若如此，恐怕这两种人都不会太甘心。做人，还是要走一种“调和路线”，辩证地看待名与利的关系。“君子”也可以“取之有道”地去爱一点财，“小人”也可以学习一点义利之辨，适当地用财富邀买一些积善之名。这样一来，名利兼收，生活更多彩。

7. 政治婚姻是一张王牌

曹操挟天子以令诸侯，算是完成了他政治生涯中最重要的转折。大局落定之后，他就把家眷都接到了许都。据史料记载，曹操妻妾众多，有丁氏、刘氏、卞氏三位正妻，还有不少婢女小妾，因而曹家算得上是人丁兴旺。

《易经》有云：有天地，后有万物，然后有男女，既有夫妇，而后有父子，然后有君臣。按照古人的信条来讲，婚姻是一个人生命中的大事，无论男女，结婚最大的功能无非就是繁衍后嗣。然而作为关系国家政治格局的政要人物，婚姻就绝不只是传宗接代这么简单了，而会影响到个人的政治前途，也会影响到个人的政治行为。往大了讲，这事关社稷；往小了说，也事关百姓。比如周幽王为博宠姬褒姒一笑，烽火戏诸侯，失去了诸侯的信任后被犬戎杀死，西周王朝灭亡。

作为一个举足轻重的政要人物，曹操的婚姻就更与政治、外交紧密相关了。所谓政治婚姻，一开始就具有政治目的的色彩，维系婚姻的不是情爱而是利益。在战乱年代，这样的婚姻比比皆是，强者与强者组成姻亲的关系，在三国这个特殊年代本身就是政治的一部分。

曹操本就有好几位妻妾，因此儿女自然多如牛毛。统计显示，曹操一生共有二十五个儿子，女儿的数目不详，但据史料可知的就有长女清河公主以及安阳公主、金乡公主、高城公主、曹宪、曹节、曹华等。这么多儿女自然就成为曹操拉拢下属的重要工具。建安四年张绣向曹操投降，曹操设宴款待了他，并将张绣封为扬武将军。为了进一步拉拢张绣，曹操让自己的儿子曹均迎娶了张绣的女儿，有了女儿的身家性命做保障，张绣就更加卖命地为曹操打仗了，而且屡立奇功。

在政治领域，婚姻最大的作用无外乎彼此笼络、加强联盟，这种联盟可能是实力相当的，也可能是上级对下属的拉拢和恩赐。当时，刘备、孙权等人都与手下的重要臣子结成了姻亲关系。曹操也不例外，在他看来，政治婚姻在更多的时候是一种权宜之计。比如，他将自己的侄女嫁给孙策的外甥，又让自己的儿子曹彰娶了孙策兄长家的千金，这都在于当时的孙策占据了江东地区，而此时曹操正处理地方政务无暇分身，只好主动与孙策联姻来争取时间和机会，不让孙策与其他势力联盟夹攻自己。

既然是权宜之计，必定不会有永久的和谐，因为这种联盟的基础是利益，一旦有更好的利益，或是哪一方先反悔，那么之前的任何一桩婚姻都不能再起到黏合剂的作用。因此，亲家反目、翁婿翻脸的情况就再正常不过了。

此前，汉献帝迁都许县，后宫还是有人做主的，那就是伏皇后。然而，伏皇后嫁给刘协的时候，对方才十岁，而今汉献帝长大了，伏皇后却老了。曹操的儿子多，女儿更多，因此将自己的三个女儿全都送到了皇帝的身边。原本汉献帝早就在曹操的控制之下了，早就是曹操手中的一张政治王牌，现在又有了姻亲关系，这无疑又提升了曹氏政治集团的话语权。俗话说，“一个女婿半个儿”，曹操现在有三个女儿都嫁给了皇帝，皇帝自然就是曹操的半个儿子了。

但是，还是有人不愿意曹操的女儿嫁给皇帝的。首先就是伏皇后，曹操送女儿进后宫的目的绝不仅仅是做一个贵人罢了，而是瞄准了宫中的位置。伏皇后正是看破了这一点，因此写信给自己的父亲伏完，在信中假传皇帝的旨意，说皇帝怨恨曹操枉杀曹贵人以及国丈董承，要伏完找机会除掉国贼曹操。

当时，皇帝说白了就是曹操养的一只小鸟，什么样的密信都无法飞出皇宫。因此，这封密信很快落到了曹操手里，结果可想而知，伏皇后不仅没有杀掉曹操，反而连累了父亲、兄弟，一族百余口人连同自己的两个皇子全部被砍了头。伏皇后向皇帝求情："我真的只能活到这儿了吗？"皇帝却说："我都不知道自己能活到哪一天呢！"可见，伏皇后写什么诛杀曹操的话是多么愚蠢的事情。

事实上，即使没有伏皇后的密信，曹操的女儿做皇后也是必须的，这是政治上的需要。后来，女儿曹节做了皇后，这样一来曹操就控制了汉献帝的前朝后宫，牢牢地把汉献帝攥在手心里。

女儿对于曹操来说更像是一件礼品，婚姻则更像是做生意，曹操想的是能得多少利，而对于儿女的幸福完全不顾，这也许是他有古代大男子主义的原因。婚姻就是曹操手里的牌，在大牌王牌打下来之前，婚姻这张牌就先去探路了，自然生死都不论，更别谈什么幸福了。女儿曹节虽然嫁给了皇帝，成了皇后，但是因为和曹操的关系得不到汉献帝的信任，又要受到来自父亲的压力，真是生不如死。曹节曾经向母亲抱怨自己的生活痛苦，曹操知道后对她大加斥责，还吩咐再不许向家里抱怨自己的境遇。有这样一位父亲真不知是幸还是不幸。后来曹操死了，曹丕即位，他杀到皇宫中，向曹节要传国玉玺，但是曹节大喊道："上天不会原谅你们的！"然后撞柱而死。

曹操重视外交婚姻，当然更注重外交的对象，他的原则向来就是只问结果、不问过程。因此，翁婿反目的事情曹操做了不少，根本不考虑女儿的感受。袁绍死后，其两个儿子袁谭、袁尚为争夺父亲留下的兵权打得不可开交。为了对付袁尚，袁谭和曹操合作。而为了笼络对方，曹操立即把自己的一个女儿嫁给了袁谭。但是好景不长，袁谭对付完袁尚之后就要对曹操下手了。袁谭根本不是曹操的对手，最后死于非命。那时候，女儿才嫁给袁谭不到半年，很快就成了寡妇。然而政治婚姻哪里顾得上这么多，在曹操眼中，霸业、政治绝对比女儿的幸福重要得多，这也是乱世中女人的命运。尤其是作为一个霸主的女儿，看似含着金钥匙出生，但实际上远不如普通人家的孩童幸福。

成功之道

套牢政治的枷锁

所谓政治，玩儿的就是手段，读三国就可以发现无数建立在婚姻基础上的联盟。对古代政治家而言，政治婚姻能带来巨大的好处，因此总有人乐此不疲地这样做。

8. 内部团结，成功的秘诀

从建安元年曹操迁都许昌之后，到建安五年大战爆发之前，可以称作曹操对官渡之战的“备战期”。在这段时间内，曹操通过战争的方式，先后击败张绣、袁术、吕布、刘备等割据诸侯，扩充了自己的势力范围。但是，上兵伐谋，其次伐交，仅靠单纯的军事斗争，是无法将积蓄力量的速度推进到极限的。在军事征伐的同时，曹操还大展纵横捭阖之术发展广泛的“统一战线”，壮大己方力量的同时孤立了袁绍。

团结的对象就包括刘备。建安三年，雄踞徐州的吕布攻击此时兵微将寡、驻守在小沛的刘备。刘备寡不敌众，没等到前来救援的曹操抵达，就弃城西逃，投到了曹操帐下。随即，曹操东征大军兵临徐州境界，吕布连战不利，最终退往下邳，凭借这座孤城的泗水天险抵御曹军。鏖战数月后，曹操采用郭嘉、荀攸的建议，掘开绕城而过的泗水、沂水灌城，吕布最终被部将所擒献给曹操，死在了白门楼。

吕布死后不久，徐州全境落入曹操手中。显然，曹操是不会把刘备留在徐州的（或者说把徐州留给刘备），若是那样的话曹操征讨吕布的军事行动就完全成为为刘备报私仇的快意恩仇了，曹操肯定不是这样的“大侠”。于是刘备只有一条路可走，跟随曹操还师许都，从此不再南面称孤。当然，曹操对刘备也是“不错”的，虽然没有把徐州封给他，却也上表天子，封给他更加紧要的地盘豫州、左将军，还封宜城亭侯。要知道，许都所在就是豫州地面，曹操也等于把一个自己之前曾经担任的司隶校尉封给了刘备。

不过曹刘两人的前后境遇确实天差地别：因为曹操的司隶校尉，是凭借二荀、郭嘉、程昱、夏侯诸将等一班文武和二十万铁军雄狮担当的；而刘备这个豫州牧，却是个地地道道的光杆司令。正当刘备在京中无所事事时，发生了著名的“青梅煮酒论英雄”的故事。

一日，曹操看到树上梅子青青，邀请刘备过府饮宴。为什么偏偏挑中这个在家种菜的刘备？个中原因是值得玩味的，肯定不会是苏轼在《记承天寺夜游》中单寻张怀民的原因“但少闲人如吾两人者耳”。刘备是闲人没错，但曹操可是日理万机，不可能平白无故地邀请刘备喝酒，还闲聊“论英雄”这样敏感的话题。

原因应该只有一个，试探刘备的同时恐吓一下。宴席开始，曹操直入“主题”，和刘备谈论方今天下谁是英雄的话题。而当刘备数尽各路诸侯之后，曹操却一个也没有认同，反而说出了“今天下英雄，唯使君与操耳”。面对故弄玄虚的人，直言揭穿真相总是最具杀伤力的。曹操这句话，使用的就是这种心理战手段：咱俩都是老中医了，谁也别给谁下这狗皮膏药；你刘备还不知道吧，你怎么“忽悠”我，我就是怎么“忽悠”袁绍的，对这一套，我太了解了。

曹操的话虽然只说到了这里，可心机丝毫不在他之下的刘备却隐隐读出了这一席话的潜台词：我知道你刘备早晚是我最强劲的对手，现在你是“大汉皇叔”，名气很大，我曹操是不能杀你，但这并不代表我曹操不想杀你！

刘备感到了前所未有的恐惧，原本以为只要“老老实实”，就能从曹操这阎王手中逃出，可谁知道曹操在善于“忽悠”人的同时，在“防忽悠”方面也是高手。老实不了了，那就直接动手吧。怎么动手？刺杀曹操？这“荆轲”刘备是自己来，还是让给关羽、张飞呢？显然不可能。那就只有一条路了，跑吧。正好这时赶上曹操要征讨在淮南骄奢淫逸、民心尽失的“仲氏皇帝”袁术，刘备于是慨然请缨：袁术背叛的是我姓刘的天下，那就由我这个姓刘的去打这个先锋吧。

“撞破铁笼逃虎豹，顿开金锁走蛟龙。”刘备这一去，再也没有回到许昌。刘备的逃走容易理解，曹操的“不留”却着实让人摸不着头脑：明知刘备是个英雄，却怎么不杀掉他，至少控制住他，而让他轻而易举地逃出呢？难道是曹操的脑子短路了？但郭嘉、程昱等人对刘备出征的反对，却说明曹操的支持并不太可能是失误，而更可能是有意为之。

曹操的这次纵敌，与这一年许都发生的“衣带诏”事件有关。这是一件发生在许都朝廷内部的反曹事件，车骑将军、国舅董承受汉献帝藏于衣带中的密诏，与长水校尉种辑、将军吴子兰、王子服等同谋，暗杀一手遮天的曹操。建安五年初，密谋被曹操发现，董承等人全部被杀。

这个时间节点，正在许昌的刘备可能也在此次密谋之列。无论刘备是否参与，“衣带诏”事件反映出了一个十分严重的问题：连年对外征战，获得无数胜利的曹操集团内部并不是无懈可击的。随着曹操功劳、权势日渐增大，许都内部上至皇帝，下至皇室宗亲、文武百官，有不少人对曹操都是“貌恭而心不服”的。这时的曹操，首先要考虑的问题是如何在内部开展“整风”，清除一切反对者，确立自己绝对的权威。

在这种情况下，既有皇叔身份，又有海内名望，同时兼具野心的刘备，就成了许都内部一个极度危险的因素，他可能没有参与“衣带诏”密谋，但随时有可能参与。这是个麻烦，曹操动了杀机。可是转念一想，却不能杀。翻开刘备的履历，出身就是“根红苗正”，素有贤德之名，人人仰望，实在抓不到任何把柄。暗杀？那就更天真了，青梅煮酒的故事已经在许都成为“佳话”，这时候刘备如果死了，即便不是你曹操杀的，也是你曹操杀的。况且，曹操一手遮天的“臭名”已经招致了普遍反对，这次要是再以“莫须有”的罪名把刘备杀掉，曹操也就真成“董卓第二”了。况且大敌袁绍还在，这回“讨曹联军”他还能当盟主。

面对如此棘手的“死局”，曹操最终选择的应对方式叫作“勇气”：给他兵，给他权，让刘备走，纵然他是孙悟空能一个筋斗翻十万八千里，也逃不出我如来佛的手掌心。

刘备走后，曹操轻而易举地清除了以董承为核心的反曹集团。董承连同他的女儿，即汉献帝的董贵妃，全部身首异处。当然，曹操对大汉天子还是绝对“够意思”的，他很快找了另一个人填补了董妃的空缺，这个人就是曹操自己的女儿——曹节。这样一来，曹操当上了皇帝的“老丈人”，从人物关系上看，刘氏的朝廷有一半改姓曹了。

搭好台，才能唱大戏。曹操团结刘备就是在搭这个大戏台，而放走刘备只是在唱大戏之前的茶点。曹操要孤立袁绍，发展“统一战线”，刘备这个德高望重的人必不可少，因而曹操选择了“纵虎归山”。他深知：只有整个“统一战线”的团结协作，把每个人的智慧都凝聚起来，互相协作，才能打倒袁绍。

成功之道

团结就是力量

人心齐，泰山移。在战场上，一支整肃的队伍是战胜对手的终极武器。而这支队伍，并不是临阵重赏就能刺激出来的，而要靠平时的不懈经营才能打造出来。面对激烈的竞争，人们总想着到对手身上搞破坏、挖墙脚，这既失之下作，也很难收到关键性的成效。只有不断做大做强自己，才能永远立于不败之地。

9.“自欺欺人”也是一种策略

建安四年，曹操以史无前例的“仁慈”放走了刘备——这个他自己认定的明日对手。匆匆出征的刘备当然也没有让曹操失望，“果然”反了。征讨袁术得手后，他果断地送走了曹操配给他的“监军”副将朱灵等人。自领大军之后又杀了曹操派驻徐州的刺史，自己取而代之。前往许都一年之后，再次回到了徐州。

这一回曹操可是说不清了，刘备的反叛很明显是曹操本人的失误啊！为此，程昱、郭嘉、董昭等先前曾经反对过派刘备出征的谋臣，几乎踏平了曹府的门槛：我们早就说过刘备这家伙是喂不饱的白眼狼，将军您偏要把他放走，还给予兵马钱粮，这下麻烦大了吧。

面对众谋士的喋喋不休，曹操并未急于做出解释。好吧，既然刘备反了，那就让他在徐州姑且称王称霸一段时间吧。多行不义必自毙，他也蹦跶不了几天，我曹操早晚灭了他。

俗话说，一日纵敌，万世为祸。曹操不是不懂这个道理，虽然迫于局势，不得已把刘备放归徐州，但等他腾出手来，刘备这个心腹大患也是不会被忘在脑后的。建安五年春，曹操在以迅猛的动作绞杀了“衣带诏”集团后，迅速把目光瞄向了新领徐州、屁股还没坐热的刘备。

可是这次“弥补过失”的出征，曹操遭到的反对却一点也不比当初放走刘备“犯错”时少，大家不是不愿意给曹操“改过自新”的机会，而是认为现在征讨刘备恐怕得不偿失。当初刘备在许都，一文不名，杀了也就杀了；现在刘备占据徐州，手握重兵，再跑去杀他，恐怕很困难，时间久了袁绍也会在我们背后搞动作。

但这一次，曹操和郭嘉的意见是一致的。曹操讲出了此次出征的必要性：刘备是人杰，新叛不久，人心未附，对他越早动手越有利；徐州是重镇，在我们豫州、兖州老根据地的侧后，一旦与袁绍开战，这里是最大的威胁。郭嘉则分析了此次出征的可能性：袁绍其人是多疑少断的性格，就算来也不会来得很快，我们只要以“其疾如风”的动作强袭刘备，就能打好这个“时间差”。

有时候，真理掌握在少数人手里。这一次，曹操和郭嘉的少数派意见是对的。刘备虽然是强劲的对手，但毕竟羽翼未丰，面对能征惯战的曹军，一触即溃，连失徐州、下邳，丢下了一家老小，只身逃往青州投奔袁绍。曹操在一年之后，再入徐州城。

至此，曹操已经基本完成了与袁绍决战前的所有征战。在这些征战中，他获得了大部分战役的胜利，战果极为辉煌。这都表明：曹操仍然是“一贯正确”。作为个人，保持“一贯正确”可能只需要高人一筹的智谋，但作为统帅，只有这一点就远远不够了。统帅曹操之所以“一贯正确”，更在于他能够把更多“一贯正确”的人团结在身边。郭嘉如此，荀彧如此，甚至包括曹操的“对手”也如此。

徐州一战后，曹操把刘备的妻儿老小当作“战利品”运回许都，这其中也包括关羽。这段故事也无须赘述，大家都耳熟能详，简单说还是罗贯中那句评语“奸相枉将虚礼待，岂知关羽不降曹”。从这句辛辣的嘲讽中，我们读出了曹操在降关羽整件事中的心态——一厢情愿，自欺欺人。

对刘备如此，刘备反了；对关羽如此，后来关羽也跑了。如果以这些“结果”论，曹操确实是自欺欺人了。可是我们知道，曹操的“自欺欺人”也并不是一无所得，关羽在后来的袁曹交战初期，却是斩颜良（可能还有诛文丑）、解白马之围，为曹操立下奇功。如此一来，我们对“降关羽”这件事还不能只是嘲讽，曹操的“自欺欺人”也还值得推敲。

“自欺欺人”这个词，可以拆成两部分分析，自欺与欺人。“降关羽”事件中，曹操有自欺的成分吗？可能有，这一点在上马提襟、下马相迎，惹得众将纷纷吃醋中能够看出：曹操可能真的想过，精诚所至、金石为开，有一天能够彻底降服关羽。但与“自欺”相比，“欺人”占的比重更大。在对待关羽的问题上，曹操特意营造出一种氛围，隐晦地向自己帐下战功赫赫的文臣武将透风：只要是人才，我曹操就会高官厚禄、倾心结交，无论他的“政治面貌”如何。此举无形中刺激了诸将的争强好胜，为自己争名之心，成为官渡战前最重要的“心理动员”。

此时的曹操，颠覆了以往“宁我负人，毋人负我”的传统形象，对刘备，既尊重，又信任；对关羽，既敬佩，又重用。正如曹操自己在《短歌行》中所写的“周公吐哺，天下归心”，他的“自欺”大大起到了“欺人”的作用，天下归心的时代已经到来。

官渡战前，曾经降曹又反叛，与曹操多次交战，且有杀子之仇的张绣，拒绝了袁绍的招纳，率军投降了曹操。对待张绣，曹操仍旧坚持“自欺欺人”的态度，相逢一笑泯恩仇。从此，收获了一位曾经击败过自己的战将，还有他政治生涯前期五位核心谋士中的最后一人——贾诩。

曹操迎奉天子、控制中央之后，“归附”中央的人日渐增多，除刘备、关羽等人之外，还有雄踞一方的马腾、韩遂、孙策等人，都接受了朝廷的册封。就事而论，他们的“归附”里没有多少真诚可言，但曹操一以贯之地坚持“自欺欺人”的态度对他们进行封赏。他并不是“冤大头”，而是采用了一种深沉的外交哲学：真心归附固然很好，假意降服也还不错，只要对象不是袁绍，而是我曹操。在曹操的意识里，与袁绍的对决即将开始。

“自欺欺人”本是一个贬义词，一般用来形容那些失败了却又寻找各种借口的人。但用在曹操这里，“自欺欺人”是一种手段，可以鼓舞士气，让人产生“跌倒了再爬起来”的勇气和信心。曹操兵败多次，但是凭着“自欺欺人”的手段才又多次振作精神，转败为胜。

我们“无法改变”的事物大致上分为两类：一是我们无法改变“别人”，包括他的思想和看法；二是我们无法改变“过去”。所以，从事物积极的方面来考虑，然后在能产生高价值的事物上集中精力，反而能得到更多的收益。

成功之道

难得糊涂

在人际交往中，毫无心机的人总是受欢迎的；而动辄诛心、睚眦必报的人则很少能交到朋友。影视剧里常常出现这样一些“狗血”桥段：主角对于一个卧底常年累月地真心相待，最终那个卧底被感动，为保护主角而死。这种事件虽然“狗血”，但也是人之常情，谁也不可能心坚如铁，人心都是肉长的。做人，与其自作聪明地去与别人以利换利，倒不如难得糊涂地去以心换心。要知道，得人心者，最终能得天下。

第 4 章

官渡风云，英雄立业

——从此有了跟天下叫板的资本

普通人晋升为英雄的道路，就是一路过关斩将的历程。在宦官、黄巾军、董卓、吕布、袁术这些势力相继销声匿迹之后，曹操攀爬政治高峰的路上，又跳出了一只更加凶猛的“拦路虎”——袁绍。袁、曹二人是发小，彼此间的熟悉程度超过了以往任何一个对手。此时到了一决雌雄的时候了。

1. 揣透对方的心路

《孙子兵法·谋攻篇》中记载："知彼知己，百战不殆；不知彼而知己，一胜一负；不知彼，不知己，每战必殆。"也就是说，人与人之间的较量，实际上就是心智与心智的较量。高明的军事家运筹帷幄之中而决胜千里之外，全在于摸清了对手的心路，找到了对手的软肋，从而达到逢战必胜的目标。

自建安元年到建安五年，曹操、袁绍在彼此相安无事的前提下，展开了各自集团的征战。曹操攻灭了吕布、袁术，打败了刘备，降服了张绣，与江东孙策、荆州刘表、西凉马腾结交，占据了司隶、豫州、兖州、徐州等黄河南北的广大地区；而袁绍则完成了攻灭北平公孙瓒的作战，占据黄河以北冀、青、幽、并四州，北连乌桓等少数民族部落，势力直抵黄河。是时，中国两个最强大的政治军事集团——曹操和袁绍，在华夏民族的母亲河地域迎头相遇，展开了又一场决定命运的较量。

建安四年，大战一触即发，曹操开始在黄河以南的要隘官渡修筑壁垒，准备对抗南渡黄河的袁军。就在这一年，张绣听从谋士贾诩的建议，率部归降了曹操；荆州的刘表、江东的孙策，则不约而同地在两大巨头的对决中作壁上观。建安五年初，空气中已经弥漫决战的味道，曹操却忙里偷闲地出征徐州，打败了刚刚叛变的刘备。

此时战争虽然还未正式打响，局势却已经很微妙了。一旦袁绍借此机会出奇兵渡过黄河，趁许昌空虚一举拿下，那么失去根本的曹操也就再也无力与袁绍进行决战了。但是，曹操、郭嘉等人征讨刘备虽然是兵行险招，却也是看准了才走的。他们已经对袁绍的脾气秉性了如指掌，这家伙是个“长颈鹿”似的统帅，面对许都的空虚，他是不会有足够快的反应的。

说袁绍是“长颈鹿”，这是有足够事实依据的。早在长安李傕、郭汜内乱，汉献帝仓皇东逃的时候，袁绍手下的谋士沮授、田丰等人就曾建议袁绍“抢夺”迎奉天子，号令天下。但袁绍对此竟然犹豫了三年，直到建安三年才提出把天子迁到自己势力范围内的鄄城，遭到了早已“得手”的曹操的断然拒绝。

前文提到，袁绍是一个勇于“坚持做自己”的人，这一次他仍旧是一只三思而后行的“长颈鹿”。在曹操进攻徐州刘备时田丰就向他建议乘虚而入，进攻许昌，抄曹操的老窝，却被袁绍以一个小儿子病了的奇异借口拒绝了，当时就把田丰气了个半死。

如果因此就说袁绍“愚蠢”，倒也是有失公允的。因为面对田丰这么好的建议，袁绍并不是“拒绝”，而是选择“拖延”——他不笨，只是反应有些慢。那么这个绝佳的战机到底什么时候才完全通过了袁绍那“修长的脖子”，到达他的大脑呢？倒也不算太晚，只在建安五年二月，也就是曹操出征徐州的二十天后。

既然醒悟了就赶快行动，兵进许昌吧。不行，去不了了，因为这时许昌北部的门户官渡要隘已经有重兵把守了，而军中帅旗还是一个斗大的“曹”字——曹操，已经从徐州得胜归来，想亡羊补牢，这回晚了。漂亮，曹操这一手玩得实在漂亮，一个漂亮的短平快、时间差，在官渡决战前就给老朋友袁绍上了精彩的一课。

曹操大军“堵”在官渡了，也不能派空降兵去进攻许昌吧。袁绍的犹豫，硬生生地把一场突袭战“憋”成了阵地战，官渡决战就此应运而生，实在是照顾我们这些看官。虽然先失一手，但袁绍仍然有很大的优势。他对此次袁曹对决也做出了正确判断——这将是决定天下命运的决战。基于这个判断，袁绍也就再无保留，拿出了全部宝贝家底，拥兵十余万，进军北岸渡口黎阳，准备南渡黄河，寻曹军主力决战。

知己知彼，就要善于揣摩人心，摸清对方的脉络。与袁绍的声势浩大相比，曹操就比较可怜了。他此时的势力本就不及袁绍，而且在军力对比上，长年东征西讨，能征惯战的军队损耗严重，新征之兵不能胜任这种决战，而袁绍则在公孙瓒败亡后两年间基本没有新的作战。在地理上，袁绍在北方已经与游牧民族建立友好关系，毫无后顾之忧；而反观曹操，则身处四战之地，刘表、孙策等人随时可能向北进击，与袁绍一起把他做成“夹心饼干”。袁绍这次是攥紧了拳头来的，而曹操只能伸开手掌迎战。此种局面下，曹操能够拿到官渡的本钱，着实捉襟见肘。

俗话说，人贵在自知。但是在曹操看来，人不仅要自知，还要他知。正是把握了这一点，在战局中才能够咸鱼翻身。此时，敌强我弱的态势很明显了，在决战之前几乎所有人都看好袁绍。这些人甚至充斥在许昌城内，出现在曹操的幕府之中，这更令大战之前的曹操焦头烂额：在与袁绍动“枪杆子”之前，还得先跟这些人动“嘴皮子”。更重要的是，“嘴皮子”动得好与坏，还直接影响到未来战场上自家“枪杆子”的威力。如何说服许都诸人，同时把整个集团调整到战时状态，还需要费一番脑筋。

成功之道

知己知彼，百战不殆

了解自己的实力固然重要，揣摩对手也同样是一门必修课。兵家的哲学告诉我们，打胜仗就是避实击虚，出其不意，而了解对手的“虚”与“实”就是备战的开始。聪明人总是能够扬长避短，用自己最强的打对方最弱的，因此他们能够无往不胜。要做到这一点，就要了解对手，而了解程度有时需要超越对手。

2. 解决好后顾之忧

建安五年，袁绍倾国而来，亲自率领精兵十余万南渡黄河，攻打曹操。而相比袁绍强大的阵容，曹操能拿出手的筹码着实不多，但即便要拿出这些筹码，也要大费一番口舌。

在许都，抵抗袁绍的军事会议紧急召开。面对汹汹而来的袁绍，相当一部分文武大臣反对针锋相对，认为这一仗无论如何也打不过，还是在没有战败之前另想他法，最好能答应袁绍的一些条件，继续和他保持长期以来的友好关系。

听得这一席话，曹操哭笑不得。谁都知道袁绍这次大军前来是干什么的，他要的条件根本就不是我们给得起的。和他谈判，他的要求恐怕只有一条——无条件投降，恐怕除了这条之外还会有惩办战犯等附加条件，你们这些人投降袁绍用膝盖就可以了，我曹操可得用脑袋啊。再说什么长期以来的友好关系，哪有那个呢？都是我一直在“忽悠”袁绍嘛，现在他已经琢磨过味儿来了，还怎么忽悠呢？

这是实情，可即便大家心知肚明，曹操也不可能公开提出来，作为不得不抵抗袁绍的理由，否则这次征战就成了曹操的私人“保命”之战，更不可能有胜算了。况且反对派言之凿凿，以东汉名臣、谏议大夫孔融为代表，都成了袁绍的义务宣传员，从袁绍本人到田丰、许攸、颜良、文丑等文臣武将，全部吹捧一遍，最后得出结论：不说咱们不想打，而是咱们打不过。

孔融，“建安七子”之首，孔子的嫡系子孙，大文学家。这类人做官总会守定这样一个原则：平时袖手谈心性，临难一死报君王。这样的人，在与荀彧、郭嘉这种善于“临机应变”的智囊的斗争中总会吃一些亏。孔融的这一番言论虽然语惊四座，但也有明显的漏洞，机敏的荀彧等人马上抓住，反唇相讥——就怕你不说“打不过”。

接着，孔融怎么夸袁绍那些人好，荀彧就怎么把他们贬得一文不值，还做出明确判断：他们的内部早晚会出现分裂。孔融等人一下哑口无言了，荀彧说的确实也是事实。而且孔融刚才说的是“打不过”，已经有了“右”的倾向，现在人家用铁一样的事实说明了这仗“打得过”，他若是再开口，就完完全全成了顽固不化的“右派”分子了。

想要做成大事，做事必须彻底，斩草必当除根。当看到孔融吃瘪（被迫屈服）后，得胜的荀彧决定乘胜追击，所幸再烧上一把火：刚才我无情地鄙视了袁绍手下的那些文臣武将，我不是吹捧我们就比他们强多少。这场战争的胜负，归根结底是袁绍和我们曹将军的对比，从这点上看我们此战是必胜的。

用人方面，曹将军唯才是举，不拘小节；袁绍外表宽仁，内心却嫉贤妒能，是个“银样镴枪头”。

谋略方面，曹将军随机应变，多谋而且善断；袁绍性情犹疑，反应迟缓，是个“长颈鹿”。

行军用兵方面，曹将军法令整肃，赏罚分明，我们虽然兵少，但人人誓死效力；袁绍军法废弛，虽然兵多，战斗力却不强，是个“自由派”。

人品道德方面，曹将军诚心待人，收天下人心；袁绍凭借家世，沽名钓誉，得不到真正有用的人，仅是个“收藏家”。

今天袁绍和我们曹将军的对决，就好比当年的楚汉争雄。袁绍就是项羽，虽强实弱；曹将军就是高祖刘邦，虽弱实强。袁曹对决只在此一役，我们只要团结一致，此战必胜！

听完荀彧这一席话，曹操是相当欣慰。原来当统帅就是这么简单，好像只要做好一件事——把人才选出来，一切就迎刃而解了。我有荀彧先生这样的人才，何愁天下不定！

“四胜四败”之说力压全场，别说孔融等人暗自叹服，再无一语，连曹操自己想补充两句，也没插上嘴。可之后的情况，说明了一个能够改变我们“世界观”的事实——原来两个意见一致的人，也可以进行“辩论”。

孔融已经哑口无言，曹操也无话可讲，荀彧这次的“头彩”基本算是拿定了。可强中自有强中手，郭嘉又站起来了，他申请进行补充发言，这一补充成了一段喧宾夺主的长篇发言。郭嘉用更精到的语言、更有力的旁证、更犀利的论辩，将荀彧的“四胜四败”完整阐述为“十胜十败”，为自己所属的“主战派”阵营又“砸”下了一个沉甸甸的筹码。

自古成大事者无不具备拿得起放得下的作风，前怕狼，后怕虎，做事总留一个尾巴，最终只会一事无成。曹操做事从不留尾巴，对于潜在的威胁向来是毫不留情，必定要斩草除根。讨论结果上报皇帝，曹操再一次率领“天子之师”踏上了征途。这一次大军的开拔方向是北方，那个他五年以来望尘莫及的方向。

袁绍，我曹操来了。决定天下主宰的时刻到了，这一次，我要战胜你。

成功之道

老板，有时很好当

民主相比于独裁，最大的进步在于能够聚合更多人之力。我们可以不否认，在一个团队中，领袖（老板）可能是综合素质最为出色的一个，但这并不意味着他在方方面面都是最出色的。这样一来，老板要做的工作，并不是像诸葛亮那样“事必躬亲”，而是只需要把对的人放在对的位置,这就是古圣贤王“垂拱而治”(垂下两只手，天下就大治了)的理想模式。作为领导人，若能做到疑人不用、用人不疑，你的团队就会有战斗力。

3. 暗劲的较量

袁曹初战之后，袁绍如愿以偿地率领全军渡过了黄河，但在渡河与否的战略意图上，袁绍集团的内部是有争议的。白马战败后，谋士沮授看到了曹军的骁勇和事态的凶险，果断建议袁绍不要被复仇的怒气冲昏头脑，继续坚持原定战略，大军留住延津，沿黄河构筑屏障，形成坚固的后方；只派出一支精兵进逼官渡，胜了固然好，败了也有退路。

兵马未动，先想败局，沮授的谋划不可谓不正确。但此时的袁绍显然听不进去，他这次率领着数倍于曹操的兵力，为的就是彻底消灭曹操，怎么可以失败呢？沮授分明是杞人忧天，还有损我军士气。面对领导的不信任，沮授心灰意懒，称病辞去一切职务，面对身后滔滔东流的黄河，仿佛看到了自己和身边十余万士兵生命的终点：这一次渡河南下，恐怕再也回不到生我养我的河北了。

沮授并不是唯一一个发出叹息的人，袁绍手下的另一个大谋士田丰，也发出了“蹇叔哭师”的声音——“只见师之出，不见师之入”。不同的是，田丰甚至连战死沙场的机会都没有。几个月前，他因为反对袁绍攻打曹操，被袁绍解除了一切职务，关在了邺城。挡我者死，无论是敌人，还是自己人。袁绍此次出征抱定的就是这样一种心态——势在必得。

建安五年七月，袁绍把自己的大本营由黄河北岸的黎阳迁到了南岸的阳武；八月，再次向前推进，兵锋直指曹操的根据地，许昌的北大门官渡。袁军沿沙丘构筑壁垒，东西联营数十里。

以屈求伸，是力量薄弱、身处逆境时的竞胜之道。站在官渡大营，曹操眼看着袁绍的步步紧逼，渡过黄河，北军如入无人之境。看来决战是不可避免了，就在这里，官渡、曹操，再也无路可退。以屈求伸，一方面是形势使然，另一方面也是让事业更进一步而采取的策略。曹操能够屈身于人，实际上是二者兼备。

野心勃勃的曹操深知，有时候退一步比进十步更厉害，退一步不仅易于保全自己，时机一旦成熟，也更容易发力，称霸天下的大业也会更进一步。能伸能屈，用得妥帖，便会赢得更大的成功几率。

尽管深知官渡就是最后决战的地点，但双方毕竟实力悬殊，马上就与袁绍正面冲突的局面，显然是曹操不愿意看到的。避其锐气、击其惰归，这应该是兵微将寡的曹操取胜的唯一方式了。在官渡，曹操要进行的最关键的战斗，就是不战斗——与于禁在延津所做的相同，拖着袁绍，耗着袁绍，待到北军师老兵疲之时，才是决战的最佳时机。

羽翼未丰满时，不可四处张扬。《易经》乾卦中的“潜龙在渊”，就是指君子待时而动，要善于保存自己，不可轻举妄动。袁绍的北军连日叫阵，曹操的南军却日日高挂免战牌。但“西线无战事”的情况并没有出现，双方的斗争由明战改为暗战，由斗力改为斗志。

相持阶段，虽然双方战线焦灼，但战斗确是颇有一点技术含量的。面对曹操的紧闭不出，袁绍在自己的军营里建起高楼，让士兵居高临下地向曹军射箭，同时选派“狙击手”，精确射击曹军将领；曹军损失惨重，只好每天举着厚厚的盾牌巡逻，狼狈不堪。在技术方面，南军也不遑多让，曹操的谋士满宠设计建造了一种被袁绍军称为“霹雳车”的作战装备，利用杠杆原理把巨石抛入袁绍军营，其威力之大，不但令北军人仰马翻，还把袁绍苦心营建的箭楼全部砸毁。

战争须向立体方向发展，天上不行，就往地下试试。袁绍又拿出攻破北平公孙瓒的杀手锏，埋伏下神兵千百万，展开了“地道战”。曹操则挖壕沟迎战，使袁绍工兵部队的“大兴土木”变成了无用功。

单靠“技术”的比拼，毕竟不能在决战中起到决定性作用。在正面与曹操相持的同时，袁绍又开辟了敌后的“第二战场”。这一次，袁绍派出了曹操的老对手——豫州刺史刘备，让他回到“自己的地盘”豫州去，联合汝南黄巾军叛匪刘辟，骚扰许都曹操的大本营，威胁曹操后方，迫使他在官渡正面露出破绽。

当然，刘备深知官渡决战的主角是袁、曹二人，自己这个跑龙套的显然不能抢了他们的风头。刘备和刘辟的军队刚刚会合，就被曹操留守许昌的部将曹仁打得大败。刘辟被杀，刘备也再次证明了自己“长跑将军”的实力，一路狂奔，逃回了袁绍的阳武大营。

袁绍派刘备开辟“第二战场”，曹操这边也没少在袁绍背后搞小动作。他派出使者，许以好处，联络北方乌桓部落，让他们在袁绍的后方发动叛乱。这一招的结果还不如袁绍，刘备最起码还打了一仗，乌桓则直接拒绝了曹操的请求，坚守住了与袁绍的盟约。

现在，曹操面对的局面和之前初次交锋后袁绍所得到的有着惊人的相似。他也达到了自己的战略目的：经过长时间的对耗，袁绍的北军确实师老兵疲、锐气大减。但这点胜利果实却完全不能够打开曹操紧锁的眉头，因为曹军自己也付出了同样的代价。夏日的酷暑无情地“打压”着两军的士气，但袁、曹的较量仍要继续。

成功之道

较量是立体的

人们常说，狭路相逢勇者胜，但勇绝不是战胜者所要具备的唯一素质；我们同样认为两雄相对智者胜，智慧的较量并不逊色于勇。这就好比两个人在掰手腕，聪明的双方都不会希图一击制胜，而会在长时间的暗劲较量中比拼智慧，直到一方精疲力竭败下阵来。我们应该以“风林火山”的姿态应对一切：疾能如风，徐能如林，侵略如火，不动如山，以深厚的“内力”去面对一切巅峰对决。

4. 战争，也是忍耐力的较量

白马之战后，曹操集中兵力屯驻官渡大营，展开了与袁绍长达数月的对峙。在这种僵持局面中，双方度过了建安五年的整个夏天，酷暑的煎熬考验着两军，无情打压着十余万将士的士气。

僵持，本是曹操整体战略构想中占据重要分量的一步棋，是他在立于不败之地前提下转圜战局的一步棋，但这步棋并没有达到预期的效果。初次交锋后，曹操虽获胜利，却主动放弃延津、白马，将战线南撤至官渡，把黄河两岸的渡口全部让给袁绍，放弃“半渡而击”的有利态势，使北军得以从容渡河。

曹操并不是简简单单地撤退，而是暗藏杀机。从官渡之战前期的总体局势上看，袁、曹双方的势力基本以黄河为分界线。也就是说，如果在黄河决战，交战双方进军路线和后勤补给线的长度基本是相当的。如果哪一方渡过黄河，那么每向前推进一步，就意味着补给线要拉长一步。这就是曹操的考虑，要尽量利用后撤扩大袁绍的战争成本消耗，而减少自己的补给距离。

但退到官渡，曹操的这种策略也算是发挥到极致了。因为这里是许都最后的门户了，如果再放弃官渡，许都将再无险可守，袁绍将长驱直入。退无可退，他们的身后，就真是困境了。

权衡利弊的关口，放弃还是坚持，曹操内心进行着激烈的斗争。称霸天下的目标是他坚持下去的动力，而僵持到此时的曹操，有些开始怀疑自己战略的正确性了。虽然后撤确实拉长了袁绍的补给线，却也没看见北军供应困难的局面出现；虽然僵持确实削减了北军的锐气，可曹军自己也损失惨重、士气低落。现在看来，袁绍远比战前想象的强大得多。

现在局势已经很明朗了，相持局面很难被打破，双方都将在等待时机中继续对耗下去，直至另一方的忍耐力枯竭，或者因为某次“非受祸性失误”露出破绽。

这一次，是曹操的忍耐力先达到了极致。“袁绍的实力远比我强大得多，再这样伤敌一千、自损八百地耗下去，我军就会被彻底拖瘦拖垮。”这年的九月某日，曹操视察军队，正巧看到运粮队的士兵光着脚全力推车的场景，坚强的曹操终于“崩溃”了。他脱口而出：“兄弟们，请再坚持一下，十五天，给我最后的十五天，我一定在十五天之内击败袁绍。”

既然没办法再坚持了，那就决战吧，做不成凯旋的“国士”，就当战死的“国殇”吧。从正常逻辑上讲，这是曹操那一番鼓舞人心的讲话后应该出现的局面。但曹操毕竟不是“正常人”，也不想当“正常人”，他那一番“鼓舞人心的讲话”，只是为了鼓舞人心，他确实做出了决定，但不是去做“国殇”，而是去做“男儿”：包羞忍耻。他不跟袁绍在官渡对决了，索性再次撤退，组织“许都保卫战”。

《周易》中有“见可而进，知难而退”的说法。在战争中，明智的人都会及时地审时度势，因此，曹操再次撤退的想法虽然是无奈之举，却也能够带来几分利好：在官渡长期消耗的军队得以喘息，利用在许都的民心发动广泛的游击战争，引诱袁军更加深入河南腹地，远离河北后方……曹操将这些撤退的好处一一开列，写信给坐镇许都后方的荀彧征询意见，一待荀彧复信，即刻拔营南撤。

在军情紧急的关键时刻，仍旧不忘记和这位远在后方的核心谋士交换意见，可见曹操对荀彧的倚重已无以复加。但这一次，荀彧却没有对老板的意见表示赞同，而是坚决反对。当仁不让、敢提反对意见的人才是真正有用的智囊，荀彧正是用这种敢言的国士之风回报了曹操的信任。

“曹将军您认为撤回许昌的好处很多吗？但政治上的损失是这些战场上的好处都无法弥补的。您想一想，当初高祖刘邦与项羽在荥阳、成皋尺寸之地上对峙了一年，谁也不肯先退，为什么？因为谁先退谁的士气就会被摧毁，这一方势力内部就会发生雪崩，反观对方同样低迷的士气就会重振。在僵持中，哪怕一点小胜都会成为提振士气的“兴奋剂”，何况让对手不战而胜呢？

“曹将军，您一定要有信心。现在的局面，并没有超出我们战前的估计。我们对袁绍外强中干的评价仍然不变。您要坚信，我们的战略是正确的，您以官渡这点兵力，已经抗击了五倍有余的袁军，已经让对手半年时间寸土未进了。这种局面就是我们求之不得的，再坚持一下，战机就要来了！”

“忍”是生存的方法，“忍”是成就大业的途径，“忍”是东山再起的本钱。成功靠的是长久的坚持，靠的是领导者的耐力。在战场的较量中，当陷入僵持的局面时，征战双方不仅要比较实力，更要比较忍耐力，往往最终获得胜利的一方都是最能忍耐的一方。

曹操被荀彧的复信说服了：好吧，那就继续坚持吧。袁绍，这次我是不会后撤的。我们的对决既然在战场上难分胜负，那就让我用“忍耐力”来战胜你吧！

成功之道

再坚持最后五分钟

实力介乎伯仲之间的斗争，不但是勇气、智慧的斗争，还是忍耐力的斗争。在实力均衡的天平上，忍耐力往往是最后一颗，也是决定最后结果的砝码。这就是战场上经常发生“最后五分钟之决战”的原因。对对手保持长期压制，同时也是对自己抗压能力的严格考验。在斗争进行到白热化阶段的时候，想要赢，就要站直了。挺住了，别趴下。

5."釜底抽薪"定乾坤

荀彧的复信到来后，曹操打消了从官渡撤退的念头，于是战争还要继续下去。但在此之前，我们先搞清楚一个很重要的问题。荀彧的复信之所以能够说服曹操，是因为他在信中精辟地分析了当前局势，认为袁绍并不是不可战胜的，属于曹操的机会马上就会到来。而这些，有多少是出于荀彧真正理性的判断，又有多少仅仅是为了劝曹操坚持下去的宽心话呢？

这个问题真的不太好回答。在历史上，总是充满了各种各样的偶然，而这些"偶然"有的符合一些"先知"的预言，因此成了"必然"，也成就了"先知"，后世史家就会用算无遗策、神机妙算之类的词来称赞他们。说通俗一点，这些"先知"们多少是有一些"蒙"的成分，这并不是对他们的"毁谤"：政治博弈，或者战争，有时就是一种赌博。客观地讲，荀彧在信中指出的内容更多地证明了当时曹操的"不可退"，而仅用战机马上就要出现这种类似于镜花水月的虚词讲述了"无须退"的道理。

即便是荀彧自己也觉得有些言不由衷，但他信中的"镜花水月"却在曹操决定坚持下去之后很快出现了。历史总在有意无意地成就一些人。

长时间和袁绍对峙，曹军的军需消耗过大，出现了严重的匮乏。尤其是军粮不足使很多士兵吃不饱，出现了不堪重负、极易疲劳的状况，整个军队的战斗力急剧下降。更为严重的是，战争加重了百姓的负担，很多人不堪忍受，因而叛离曹操站到了袁绍一边。甚至一些官吏也跑到了袁绍营垒中，其中给曹操造成影响最大的当属刘辟等人的叛变。

刘辟见袁绍军需充足，大有必胜之势，而曹操这边物资匮乏，各方面都已经不能跟袁绍相比。于是他乘机叛离了曹操，在许都附近抢掠骚扰百姓和士兵，与袁绍遥相呼应。此时，袁绍见刘辟可以利用，便与其联合，让其与刘备配合，伺机攻打许都。

此时的曹操遭受两面夹击，内忧外患。他深感长久对峙下去不是办法，为了加紧结束这场战斗，赢得休养生息的时间，他开始积极谋划作战策略，同时也等待大战的时机。

率先出现的是一个打破双方相持僵局的小战机。袁绍从河北大本营运送军粮到达官渡，这个机密情报偶然被曹操的谍报系统探知，这正给了曹操一次小规模出击的机会。无巧不巧，判断战机会出现的是荀彧，帮助曹操抓住这个战机的则是荀彧的侄子，也是曹操的得力谋士荀攸。他认为，这批粮草的押送官韩猛是个无谋莽夫，自恃勇力而轻敌，现在出击是完全有把握取胜的。除去分析战机，荀攸还举荐了此次出击的人选——偏将军徐晃。徐晃不负所托，与部将史涣突袭韩猛的运粮队，大获全胜，将这批粮草全部焚毁。

徐晃烧粮的军事行动虽然打破了官渡战场持续已久的僵局，但对于实力雄厚的袁绍而言，一批粮草的损失无异于太仓损一粟，九牛失一毛。面对韩猛的败报，袁绍露出了极端不屑的表情：这个曹孟德，都成大人物了也没个长进，还忘不了干这些偷鸡摸狗的勾当。为避免曹操的“游击战”再度得逞，他任命大将淳于琼为统帅，率领一万兵马护送渡河而来的军粮，并守卫官渡前线的粮仓——位于袁绍阳武大营东北四十里的乌巢。

战局一旦开始松动，就意味着双方战机的到来。曹操先拔头筹，抓住机会歼灭了袁军的一支后勤部队。之后，一个更大的战机摆在了袁绍的面前。面对官渡曹军的渐渐不支，袁绍的谋士许攸嗅到了取胜的战机，他认为长期与袁军对峙的曹操，已经将绝大部分“家当”都拿到了官渡，而此时许都后方无异于他“柔软的下腹部”。许攸向袁绍建议：马上挑选一支精兵，昼伏夜行，偷袭曹操的大后方许都，然后首尾夹击，一定能活捉这曹孟德。

我们不禁要为曹操捏一把冷汗了，袁绍这个战机远非曹操袭粮那个可比，它可能决定整场战争的胜负，甚至一旦许都陷落、天子到手，整个天下未来的命运将会改变。但是，又是袁绍把战场的胜负手重新推到了曹操这边，他拒绝了许攸的建议，理由和剿灭宦官时何进拒绝曹操的如出一辙：温吞水、不过瘾，我这次倾国而来，就是要在与曹孟德的正面交锋中取得全胜，奠定自己中原霸主的地位。

从袁绍拒绝许攸的建议来看，荀彧的复信确实并不仅仅是虚言宽慰曹操，战机确实很快出现了。这个战机可能不直接来源于战场，而来源于曹操的对手袁绍。此时的袁绍已经是超常的自负。作为一个掌兵十余万的军事统帅，他甚至连迂回一下都觉得不可取，这支军队如果不打败仗，想来上天都不会答应。

官渡的战机呈“回合制”出现，曹操先得一局，接着轮到袁绍出手了，他却选择了放弃。现在，又轮到曹操“行动”了。谋士许攸的家属犯罪，被袁绍留守河北邺城大本营的审配抓住下狱，许攸顿时感到了不被信任，同时对审配的无事生非大为不满。正如官渡战前，荀彧对袁绍手下众谋士的预言一样，到了袁曹大战的关键时刻，内讧就将爆发。

堡垒总是最容易从内部被攻破，这是千百年来绝对的真理。这一次也不例外，袁绍谋士群的内部斗争把一个足以决定全局的战机送到了曹操的面前。

建安五年冬十月，官渡之战的决定性转折点出现了。袁绍的谋士许攸在家属被抓、意见被拒并且遭受同僚排挤的情况下，选择了离开袁绍，带着北军大量的绝密级军事情报投奔了曹操。

许攸与曹操也算是老相识，早在公元 188 年，许攸就参与了冀州刺史王芬密谋废掉汉灵帝的政变，当时的曹操也是他们的拉拢对象之一。这一次，许攸又来到了曹营。曹操对这位老朋友的到来大喜过望，一听到奏报说许攸来了，光着脚就冲出了自己的军帐，拉着许攸的手是问寒问暖、问吃问穿，笑呵呵地说：子远（许攸）你来了，我就要成功了。

能让曹操如此兴奋的，当然不是老友重逢的喜悦，而是这位老友身上无与伦比的决定性价值。自从袁绍起兵，许攸就一直做他的幕僚，参赞军机，处理杂物，不但对袁绍的兵力部署了如指掌，而且熟知作为统帅的袁绍的脾气秉性和他此时的战略构想。应该说，曹操那句“你来了，我就成功了”没有丝毫的夸张之意。许攸叛逃后，官渡之战的天平已经彻底偏向了曹操一方。

面对曹操的虚席问策，许攸却并不直接作答，而反问曹操：“袁绍势大，孟德你要怎么抵挡他？你现在还有多少军粮可以作支撑呢？”

曹操回答：“一年应该是没有问题的。”

许说：“不对！重新说！”

曹说：“半年……”

许说：“还不对！你到底想不想打赢袁绍？怎么总不说实话！”

曹操无奈地苦笑：“我估计说了实话啊，您还得跑回袁绍那里去。算了吧，看来你许攸是既了解袁营虚实，对我军也是洞察入微啊。瞒不过你了，说实话得了。许先生啊，咱们都是老朋友了，刚见面嘛，除了客套叙旧，总还得吹一吹牛嘛，刚才就是开了个小玩笑，现在没有外人在场，我只把实话告诉你一个人，粮草只剩一个月了，这可如何是好啊？”

“好吧，你总算说实话了。你说了实话，就等于是求我帮忙，也就不再为难你了。现在孟德你是孤军在外，既没有援兵，也没有粮草，这是危急存亡的时刻，如果不能一击制敌，这仗你也就不用再打下去了。好在天无绝人之路，正好有个时机，袁绍为大战储备的军械、粮草等全部战略物资都在乌巢，那里的守将是淳于琼，他根本不会想到那里会成为战场。现在我们如果派出一支精锐的小部队，出其不意地偷袭乌巢，把袁绍的物资储备全部烧毁，不出三天，袁绍十余万大军就会自行瓦解。”

宁教我负天下人，不教天下人负我，是曹操一贯的行事原则。只要目的是神圣的，不管手段是高尚还是卑鄙都无所谓，为了达到目的，使用任何手段都在所不惜。

终于找到袁绍的漏洞了。乌巢，真可谓是袁绍百密一疏的所在，但即便是这一疏，本来也是可以避免的。早在徐晃烧粮后，袁绍派遣淳于琼守备乌巢的时候，沮授就认为淳于琼难堪大任。他认为在乌巢地区取守势是被动的，建议以攻代守，派出一支偏师从这个方向侧击曹军的后方，但被袁绍拒绝。

不管袁绍为何会拒绝沮授的建议，反正现在乌巢的空虚是露出来了。这个战机曹操不会放过，也再不能放过。正如许攸所说，此时如果不能一击制胜，胜利就一定是袁绍的了。既然是背水一战，那就把最后的本钱也押上吧。曹操点将发兵。

“曹洪！荀攸！”

“属下听令！”一文一武，黄金搭档，他们应该算是这次偷袭任务的最佳人选了。众将听说曹操亲点了此二人，也就不再主动请缨，只等主帅号令了。

“你们守营！挑选精兵五千，我曹操亲自率领，趁夜偷袭乌巢。”

许多人的下巴掉到了地上，曹将军把这么得力的两员干将放在家里，竟然要亲自统兵。要知道，即便这次突袭是关系全局的作战，可毕竟只是五千人的小部队作战，真到了战场上，这点人护驾都不够，怎么能打仗呢?

为了打消众将的顾虑，曹操做了激动人心的战前动员，他把许攸的分析和目前的紧迫形势一一开列，阐明了乌巢之战的重要意义：针对乌巢的行动，是自开战以来最重要的作战。如果不能取胜，那么官渡所有将士，也包括我曹操，都不会有机会逃出生天，回到许都去。因此，此战我亲自领兵，与其死在官渡大营，不如死在乌巢战场上！此行出征，我曹操既是统帅，又是将军，还是冲锋陷阵的尖兵，就让我们这五千零一名战士为大家重获生的希望夺取战争的胜利吧！

这一天，官渡，曹操大营，群情激奋，肝胆相照，“求生”的欲望把所有人紧紧团结在一起。这样一支军队，最终将战无不胜！

曹操率领的五千人，人衔枚、马勒口，打着袁绍北军的旗号，人人怀抱一把柴草，趁夜向乌巢急进。遇到沿途袁军巡查，就诈称是袁绍派出增援乌巢的部队——这曹操其实也挺够意思了，知道你袁绍拒绝了沮授的建议，又看出了乌巢确实是个紧要之地，于是亲自率兵替袁绍“增援”了。

这一夜，在乌巢，两支同为北军旗号的部队混乱开战。一方，是远道而来的“援军”，他们知道守军是敌人；另一方，则是防备乌巢的守军，他们不知道“援军”是敌人。天明之时，守军基本被全歼，“援军”包围乌巢，放火烧屯，然后从容撤退。

这一夜，官渡大战出现了转折。曹操的偷袭计策一举命中了袁绍的要害，因而取得了关键性的胜利，也扭转了曹军内忧外患的局面。

成功之道

杀招，总是打向要害

俗话说："好钢用在刀刃上。"成功人士总具备这样一个共同点，就是他们都善于最大程度地利用自身所拥有的资源，打击竞争对手的要害位置。在与人较量、发动进攻的时候，每次出击都必须做到稳、准、狠。稳，就是静待时机；准，就是准确把握时机，攻击要害；狠，就是趁对手不备，打出手里的好牌，勿使良机稍纵。

6. 以少胜多，叫板天下

根据许攸的计谋，曹操亲率五千精兵，趁夜焚毁了袁绍囤积在乌巢的全部粮草，一举扭转了官渡战场的局势。这已经是曹操第二次偷袭袁绍的辎重部队，焚烧粮草了。为什么之前徐晃烧粮那一次没有起到如此关键的作用呢？因为这次烧屯对袁绍造成的打击是致命的，且是不可逆的。这里是袁绍阳武大营的后勤支撑点，被烧毁后袁绍所需要的兵器粮草等战略物资必须重新从河北运送过来，决战马上会到来，河北的远水是解不了官渡的近渴的。

偷袭乌巢的行动堪称釜底抽薪计策的战场典范。占了人家的大便宜，曹操当然不可能从容撤回官渡大营。事实上，虽然偷袭乌巢的军事行动扭转了战局，但孤军在外，没有营垒庇护，且身边只有数千兵马的曹操，此刻仍然是九死一生。

败军回报乌巢被袭，袁大将军怒不可遏，这次又被曹阿瞒算计了。就在袁绍怒火中烧时，谋士郭图向他进言：现在曹操亲率精兵偷袭乌巢，他的官渡大营一定空虚，现在不如围魏救赵，攻击官渡，迫使他放弃乌巢回援，最不济也能攻克官渡，和曹操“交换场地”，我们这次也就不算败了。

我们必须承认，这个郭图才是真正了解自己老板意图的，所以他比田丰、沮授、许攸这些人更受袁绍器重。没错，他这话说到了袁绍的心里，直到此时袁绍仍然有着不可撼动的傲气，无论如何他是不能承认自己败于曹操之手的。栽了，却不认栽，这就是袁绍。

有了这种指导思想，郭图的谋划马上被袁绍拍板施行。即便是大将张郃、高览等人强烈反对，袁绍也不愿相信，曹操竟然是以如此一支小小的兵马偷袭乌巢的，而他的官渡大营依然坚不可摧。

真正的赢家不会只为一时的得而喜悦，不为一时的失而气馁。此时袁绍一心只想纵观全局，以退为进，以小的利益来换取最后的胜利。因此，袁军的救援策略确定：由蒋奇率领轻骑兵增援乌巢，与淳于琼前后夹击曹操的偷袭部队；另派张郃、高览二将率领重甲步兵，“趁曹营空虚”一举拿下官渡，彻底截断曹操的退路，借以弥补乌巢的损失。部署已定，刚刚怒火中烧的袁绍重归志得意满的状态，只等着这两路军队旗开得胜，完成这次败中取胜。“曹阿瞒，你先别得意，我才是笑到最后的那个人。”

先说蒋奇的增援部队。这支骑兵动作很快，曹操刚刚撤离乌巢，就遭遇了这支军队的追击，同时参与追击的还包括淳于琼运粮归来的军队——在曹操焚烧乌巢之时，乌巢的守将淳于琼并不在场。更关键的是，淳于琼的部队仍然掌握着一部分粮草辎重，这对于乌巢被焚的袁绍是救命的。

“留下一部分人马断后，曹将军先回官渡大营吧。”但曹操明白，如果就此撤回官渡，即便不遭受损失，也意味着这次军事行动将功亏一篑——淳于琼的粮草至少能够作为袁军的过渡，但因为出击而阵形错乱的曹操极有可能熬不过这段过渡期就会全线崩溃。不能撤退，也不能分兵断后，只能全速前进，等到蒋奇、淳于琼的兵马杀到背后，再回身死战。

与其坐以待毙，倒不如抗死一争，获胜的可能性也不是没有，战场多变，胜负难料。投之亡地而后存，置之死地而后生。无路可走的曹操，只能靠挑战自己的极限来战胜对手了。不战胜，就战死，这种思潮很快传遍了曹操麾下。现在，死亡本身已经不那么可怕了，能在这场战斗中轰轰烈烈地死去，是每个人无上的光荣，现在每个人都是英雄。

这支视死如归的部队，向身后追击的北军刺出了石破天惊的回马一枪。蒋奇战败，淳于琼被杀，二人手下数千人被斩，袁绍的粮草又一次被曹操焚烧。回归官渡的大门，终于向这支血染征袍的轻兵部队敞开了。

再说官渡战场，张郃、高览二将极不情愿地率兵攻击大营，果不出所料，留守官渡的曹洪、荀攸死战不退，坚若磐石。蒋奇败兵回报袁绍后，郭图自感谋划失当，索性将错就错，诬告张郃、高览心怀不满、消极怠工，才不能攻破曹操的官渡大营。张、高二人进退维谷，最终焚烧全部器具，率兵投降曹操。

乌巢失陷，袁绍失去了立足的根本；张、高降曹，袁绍失去了大军的栋梁。接下来，曹操展开了秋风扫落叶般的凌厉攻势。袁军一触即溃，被杀者达到七万之众，生者大多投降曹操。袁绍仅带着八百骑兵，狼狈地渡河北逃，回到了河北黎阳。

沮授留在了袁绍的败军之中，同样做了曹操的俘虏。他毅然拒绝了曹操的诱降，面北而死，死后埋在黄河岸边。如他前番所言，这具忠魂再也没有返回河北故乡。同样惨死的还有劝阻袁绍不要出兵的田丰，死要面子的袁绍当然不会留着这样一个“正确”的人时时提醒自己的“失败”，于是将其赐死狱中。

“河北栋梁皆折断，本初（袁绍字）焉不丧家邦。”建安七年（公元 202 年）五月，官渡战败后苦撑两年的袁绍发病呕血而死。

史料记载中的曹操非常善于见机行事，一旦看到时机，立即行动，占取主动。当身处为难之际，必须随机应变，遇事不惧，谋诈自出，谋略过人，制敌于千军，顷刻之间，扭转局势，化被动为主动。

建安八年（公元 203 年），曹操攻占袁绍的河北大本营邺城。

建安十二年（公元 207 年），曹操发兵北击乌桓。同年，辽东太守公孙康斩袁绍二子袁熙、袁尚首级，送予曹操，袁绍势力彻底消亡。

官渡之战，曹操以少胜多，此后达到了他辉煌人生的顶点，从一个挟天子以令诸侯的汉室奸臣到一统北方的枭雄。此后大汉的天下，将由曹操来主宰。

成功之道

“拼了”也是一种战术

一切以寡击众、以少胜多的战例，都是建立在死战的基础上。但蝼蚁尚且贪生，如何让战士变得不怕死、不惜死，这就要看统帅的能力了。最棒的统帅在要拼命的时候，总是会喊“跟我上”，而不是“给我冲”。身先士卒，榜样的力量才是最大的。想要成功，就要有一种拼命三郎的劲头，在最危急的时刻谋略已经力所不及，只有靠勇气、靠舍我其谁的霸气，才能扭转战局。勇者，无敌。

7. 不信天命，只尽人事

曹操写了一首著名的诗，名叫《度关山》，这是他因官渡之战有感而发。其中有一句这样说，“天地间，人为贵”。从中可以发现，曹操有“不重天命，只重人事”的思想。如果追溯这种不信天命的精神，还要从曹植的一篇文章说起。

> 世有方士，吾王（曹操）悉所招致……本所以集之于魏国者，诚恐斯人之徒，挟奸宄以欺众，行妖隐以惑民，故聚而禁之也。岂复欲观神仙于瀛洲，求安期于海岛，释金辂而履云舆，弃六骥而羡飞龙哉！自家王与太子及余兄弟，咸以为调笑，不信之矣。

曹操不信“天命”，从某种意义上说是他人格魅力的体现，但如果从更深层次上考虑，联系曹操本人特殊的政治背景，可以说：不信天命也是形势的需要。事实上，在官渡之战中，曹操的实力明显不如在各方面都占据优势的袁绍，但是他最终以寡敌众获得了最后的胜利，而官渡之战也成为历史上有名的以少胜多的典范之战。

纵观曹操在官渡之战中的表现，其取胜之道是很值得后人深思的。曹操凭借几万人的军队，对抗袁绍的十几万大军，在世人的眼中恐怕是天方夜谭。曹操的过人之处就在于，没有因人数相差悬殊而撤退，相反他非常善于运用出色的军事才能，并有效团结下属，最终取得了胜利。

建安三年，袁绍击败了公孙瓒，占据了青、幽、冀、并四地。建安元年，曹操把汉献帝挟持到许昌，形成“挟天子以令诸侯”的局面，获得政治上的优势。建安二年的春天，袁术在寿春（今安徽寿县）称帝。曹操即以“奉天子以令不臣”为名，进讨袁术并将其消灭，随后又消灭了吕布，并且利用张杨部将内讧取得河内郡。从此，曹操的势力西达关中，东到兖州、豫州、徐州，控制了黄河以南，淮、汉以北大部分地区，与袁绍形成了沿黄河下游南北对峙的局面。

建安四年六月，袁绍挑选精兵十万、战马万匹，企图南下进攻许昌，官渡之战的序幕也由此拉开。仅从当时势力的对比来看，袁曹两家的大战似乎是一场胜负早判的战争，毫无疑义，势力强大的袁绍将会战胜曹操，从而进一步南下收取荆襄，吞并吴越，一统天下。袁绍举兵南下的消息传到许昌，曹操部将多认为袁军强大，不可战胜。但曹操根据自己对袁绍的了解，认定对方志大才疏，胆略不足，刻薄寡恩，刚愎自用，兵多而指挥不明，将骄而政令不一。最后，他决定以所能集中的数万兵力抗击袁绍的进攻，由此可以看出曹操不安天命、放手一搏的英雄气概。

虽然曹操想要反击袁绍的进攻，但是面对实力强大的对手，心里也会有点儿底气不足。刚开始的时候，他的反击态度是满怀犹豫的。就在曹操断而未决的时候，大谋士郭嘉总结了曹操能否战胜袁绍的十大胜算和袁绍必然失败的十大原因。听完属下的这一番话之后，曹操立刻坚定了反击袁绍的决心，并且此后必胜的信心再也没有动摇过，而官渡之战也随着曹操的果断慢慢接近了尾声。另一方面，袁绍势力内部却出现了很多问题，虽然军力庞大，但是队伍管理却很差，骨干分子也不团结。比如，田丰脾气大；许攸喜欢贪敛，又没人管得住；审配专权，又没什么谋略；逢纪不爱听别人的意见，刚愎自用。所以，在战争初期，袁绍的谋士大都因为触犯法例而被诛杀，其人才实力也大打折扣。

曹操在官渡之战的胜利，原因有很多，果断只是其中的一个。此外，他不信神明，不信天命，只信人事，非常注重团结将士。在大战中，他知人善任，任人唯贤，注意听取部下的正确意见，这种态度也注定了战场上的胜利。比如，在战争中，声东击西解除白马之围是听取了荀攸的意见，坚守官渡是听取了荀彧的意见，出击乌巢是听取了许攸、荀攸和贾诩的意见。献出这些计策的部下，为此役的胜利也立下了汗马功劳。而曹操表现出来的对将士们的信任与亲近，为他赢得了广大的人心。

面对袁绍强大的军队实力以及雄厚的经济实力，曹操从未想过退缩，既然坚定了必胜的信心，就会为此孜孜以求，无论对手如何强大，都毫不退缩。长期以来，他一直为自己的大业努力，这一点可以从战争初期的充分准备看出来。比如，曹操很早就推行屯田制，所以在大战中军粮有了充足的保障。有效推行屯田制还较好地解决了后方的流民问题，这都是夺取战场胜利的根本原因。

在尽人事方面，曹操也将自己优秀的指挥才能发挥得淋漓尽致。首先，他对战争的全局做了仔细的分析考虑，做出精准的作战计划，也因此取得战争的主动权；其次，他根据敌我双方的情况，审时度势，采取灵活机动的战术，从而节节夺取战争的胜利。最终，曹操凭借自己不断的努力，坚守着必胜的信念，取得了实质性的胜利，打败了袁绍大军。

官渡之战不仅消灭了袁绍主力，而且使整个北方的局势都有了根本性的改观。当时，冀州各郡在袁绍战败后纷纷倒戈，献城投降曹军，从此曹操在北方的势力越来越强大，这为他日后统一北方奠定了坚实的基础。不仅如此，曹操还是个实事求是的人，由于在长期的政治斗争和军事斗争中的磨炼，他明白了办事必须从实际出发才能有收获的道理。

成功之道

不安天命，事在人为

古人云："谋事在人，成事在天。"对我们来说，应该秉承"谋事在人，成事也在人"的理念，在"谋事"与"成事"的过程中充分发挥主动性，开创新局面。事实上，做事的成败并非是由外部因素决定的，内部因素才具有真正的决定性。正所谓"人定胜天"，成功靠的不是上天的赐予，也不是好机遇的降临，在坚定信心的基础上拼搏进取才是制胜的王道。

8. 从大处着眼，从小处着手

建安五年的冬天，已经四十七岁的曹操打败了昔日好友袁绍。在这场以少胜多的官渡之战中，袁绍输得很惨，他率领的南下军团十多万人绝大多数都在这场浩大的战役中丧生。这些将士都是他为了官渡之战千挑万选出来的精英，失去他们就意味着袁绍失去了基业。

事实上，当袁绍战败的消息传出后，许多人都大吃了一惊，本来这一战袁绍占尽了先机，取胜是志在必得，但现在的结局是曹操打赢了这场战争，袁绍狼狈逃回了黄河以北。

在官渡之战中，曹操已经显露出做大事的才能。从古至今，凡是成就伟大基业的霸主，无一不是既具居高见远、规取大势的战略眼光，又能够从小处着手、事事谨小慎微的人。曹操在《军策令》中写道："孤先在襄邑，有起兵意，与工师共作卑手刀。时北海孙宾硕来候孤，讥孤曰：'当慕其大者，乃与工师共作刀邪？'孤答曰：'能小复能大，何害？'"在这里，"与工师共作刀"看起来是小事，但从曹操的话中可知，他是因"有起兵意"而为之。这反映了曹操军事思想的一个侧面：重视军事后勤，重视战前的武器装备；"能小复能大"，是其思想的一种表露，想干好大事首先要做好小事。

早在曹操与袁绍在官渡对峙的时候，袁绍曾经派人向刘表求助，刘表虽然表面答应，实际却按兵不动，也不出兵帮助曹操。“欲保江汉间，观天下变”，表明了他要保持中立的态度，而最终刘表的下场也很惨。这些举动都表明了他消极保守，无所作为，胸无大志的心态。与刘表相比，曹操的政治眼光和进取之心要高明得多。

世人眼中的枭雄，并不是一个只懂得掌控大局的人，曹操同样深谙亲力亲为的道理。在官渡之战的前夕，他每天晚上都跟荀彧、郭嘉等人研究地图，研究战略战术，研究敌我情况，甚至有时会彻夜不眠。后许攸来投，曹操为了得到敌方军营的第一手资料，又跟许攸彻夜长谈，最终用了三天三夜时间获取了大量关于袁绍军营的信息。曹操为何会如此殚精竭虑，一方面是因为他知道此战敌强我弱，取胜必须做好充分的准备，正所谓“知己知彼，百战不殆”。但是，一个更重要的原因在于，此时的曹操早已全揽当今局势，深知这次官渡之战只有打败袁绍，才能在成就霸业的路上前进一大步。最终，此战结局也证明了曹操的亲力亲为给自己带来了成功。

曹操在官渡之战的胜利是因为他懂得从小处入手，在大战之后，曹操开始转为注重从大局出发。建安六年（公元201年）的下半年，曹操这边基本上没有大的战事。经过官渡之战后，部队需要恢复元气，各地也需要平息流寇、发展生产，从而为以后的战事积蓄力量。

此时，连年的战争已经造成了百姓大量流亡，因为战争而爆发的瘟疫更让这些流亡百姓的生活雪上加霜。大量的死亡和流徙使中原地区户口锐减。原来最富庶、最繁华的地方，大部分都是后来战争进行得最激烈的地方。随着流亡人口的增多，这些地方便成为户口减耗最突出的地方。东都洛阳、西都长安，原来人烟稠密，因为战争而变得荒凉不堪，甚至有的村庄已经了无人烟。

作为出色的政治家，曹操深知：民以食为天，没有粮食，便得不到人心。粮食乃军政之血命，粮足则可安天下。军队缺乏粮食，不仅会削弱战斗力，而且生存都成问题。为了解决眼前的困难，曹操决定顾全大局，暂时搁置了渡河的作战计划。他认为，要战胜强敌，完成统一大业，在群雄角逐中站稳脚跟，必须先解决粮食问题。

因此，曹操跟他的谋臣商定之后，决定在其所管辖的范围内推出屯田制度。事实上，在曹操将吕布从兖州赶走后，兖州便成了曹操的根据地。后来迎汉献帝定都许都后，他又将势力范围从兖州扩大到豫州，许都便成为当时的政治中心。当时许都周围的地区被曹操掌控，这为他在这一地区实行屯田创造了良好的外部环境。

当然，在实行屯田制的过程中，曹操遇到了很多难题，但他始终坚持以大局利益为重，想尽各种办法来保证屯田制的顺利实行。功夫不负有心人，不久之后，屯田制的实行为百姓带来了收益。《三国志》中就有对屯田制的记载：年年丰收，仓库全满，人民不再饥饿，军队也不再缺乏粮食，这个功劳，起于枣祗，并由任峻完成。

曹操一统北方的霸业，就是靠实行屯田制度为日后的大战积蓄了坚实的经济力量。实行屯田的短短几年里，各地每年收获的谷物总量就达数千万升之多，基本上满足了他进行统一战争的需要。不仅如此，屯田制的实行也让大量流离失所的农民重得生计，北方农业得到了恢复，这也为曹操进一步统一北方奠定了坚固的经济基础。

不得不说，曹操正是因为凭借长远的战略目光，以及博大的爱民之心，才使在长期战乱中凋敝不堪的农业经济得到了恢复，为其日后的霸业创造了有利的条件。

纵观全局，曹操一生霸业的成就，不只是单纯依靠其出色的指挥才能，而是与他在把握战争形势时从大局出发、拥有长远的战略眼光分不开的。曹操能起于微末，首举义兵，树立自己的声威；然后创造优势——挟天子以令诸侯；继而深根固本屯田养植，采取由近及远、由弱及强的方针，使军事力量得到增强；最终抓住时机，同北方的袁绍集团进行决战。同时，在北方统一、急需巩固的形势下，曹操又以战略家的气魄，毅然南下准备消灭孙、刘两股势力，打算最终凭借实力统一全国。

成功之道

既能扫小屋，也能扫天下

曾国藩曾经说过："天下事当从大处着眼，从小处着手。"从大处着眼：一个成功人士，在经营事业的时候，要将眼光放得长远，不计较琐碎的小事，拥有博大的胸怀。从小处着手：有些事情必须从小事做起，只有点点滴滴地积累，才能成就大事业。想获得成功，就要将二者的关系协调好，一个既能顾全大局，又心思缜密的人，极有可能会成功。

第 5 章

赤壁鏖战，成王败寇

——终极的王霸之道是“忍术”

如果说官渡战后，统一北方的曹操真正达到了人生的新顶点，那随后而来的赤壁之战又仿佛把他从九层云端直接打入了十八层地狱。赤壁之战是曹操前所未有的败笔。也许，这就是英雄的宿命。在草长莺飞、牛羊被野的塞北，曹操的铁骑可以任心驰骋；但在飞鸟栖息、渔舟唱晚的江南，却永远是“南士无心迎魏武，东风有意便周郎”。

1. 该要官的时候不必谦虚

建安十二年，曹操收到了辽东太守公孙康送上的袁绍二子袁尚、袁熙的人头，至此结束了从建安五年开始的长达八年的袁、曹官渡决战，彻底清除了老友袁绍在河北的势力，基本统一了中国北方。

建安十三年（公元 208 年）正月，曹操从北方乌桓班师回到了袁绍先前的大本营，冀州的治所（首府）邺城。这一年，“大汉王朝”废止了自东汉以来沿用多年的三公（太尉、司徒、司空）制度，恢复了西汉时所设的丞相和御史大夫。而此时，曹操的官职正是司空、行车骑将军。后者是代理的，前者即将被罢黜，得胜归来的曹操要卸甲还乡了吗?

当然不是，因为在这年六月，曹操就担任了大汉王朝刚刚恢复的丞相官职。单从职司来看，曹操原来担任的司空掌管的仅仅是水利、工程建设等工作，虽然也算位居三公，但在这个军权至上的战乱年代，却是绝对的闲差。而他新担任的丞相，却是名副其实的“总理”：抓全面工作，直接对皇帝负责，真正的一人之下万人之上。从官职变动上看，击败袁绍后曹操可谓一步登天了。

官爵可以使人富贵，“富贵至则衣食美”，而“人莫不欲富贵全寿”。吃好、穿好、身份高贵、长命百岁，是人的正常欲望。对地位和财富的追求，儒家也从不拒绝。孔子说：“富而可求也，虽执鞭之士，吾亦为之。”

意思是说，若能求得财富，即使是手执皮鞭看守市场大门的下贱事我也愿做。

当然，我们不是教条主义，以表面的职官看待一切。我们并不认为担任司空（水利部长）的曹操就会到全国各地巡查水情，为大汉搞一些像三峡工程这样利国利民的建设工程。他的主要任务依旧是领兵征战，而且是同大将军——大汉王朝的武装部队总司令进行殊死的搏斗。尽管从司空到丞相的变动，曹操在实际权力上并没有什么实质的变化，但这个“名义变动”却恰恰发生在袁绍势力刚刚消亡的建安十三年，这个“巧合”还是值得玩味一番的。

曹操的起点很低，赖以起家的资本也实在不多，但他的霸王路颇为独特，几乎没有走“因人而起”的步骤。他拒绝和强大者合作，一开始就独树一帜打自己的牌。

在曹操刚刚迎奉天子迁都许昌的建安元年，曾经发生过一件曹操让官的事，那时的曹操需要用主动辞官完成对袁绍的“绥靖政策”。而在十三年后，袁绍新灭，曹操就“迫不及待”地担任了能够符合他此时权力地位的、一人之下万人之上的丞相。看看这前后强烈的对比，还能仅仅是名义上的小小一变吗？

这叫作“正名”！典出《论语》，孔子的学生子路问他的老师：“如果国君任命您为执政大臣，您先要从哪方面入手呢？”孔子回答“必也正名乎”，就是必须先正名。此语一出，却遭到了子路的嘲讽，说他的老师这是迂腐之论。子路这样的“实用主义者”认为，只要掌握实权就好了，其他虚名都是“浮云”。这和此时曹操的官职变动是何其相似啊！

那么曹操的“迫不及待”真有必要吗？孔夫子很快给出了答案。接下来他批驳子路的这番话，被追慕先贤的中国人薪火相传了几千年——“名不正，则言不顺。言不顺，则事不成。事不成，则礼乐不兴。礼乐不兴，则刑罚不中。刑罚不中，则民无所措手足。故君子名之必可言也，言之必可行也。君子于其言，无所苟而已矣。”

这就是传说中的一句顶一万句。孔子这一番话，能够在他身后的几千年中解释许多事情，从秦始皇确立皇帝制度，到袁世凯死也要当皇帝，都可以用这个理论解释。曹操在建安十三年的这一步升迁，也在此列当中。

“当官”是为了什么？是为了做事。当丞相这么大的官是为了什么？是为了做大事。什么大事？那就想一下提到“丞相”一词我们的脑海里都会浮现出哪些名字。是不是有姜太公，是不是有管仲，可能还有“刘罗锅”。想错了，这些人虽然实质上担任的就是“丞相”，但都没有丞相之名。再想几个“有名”的：秦朝的李斯，蜀国的诸葛亮，也许还有明朝的徐达。想想这些“有名的”和“没名的”丞相们都做了什么大事？为皇帝的统一大业出谋划策！

如果说官渡之战前，曹操的志向仅仅是在群雄逐鹿的斗争中不断壮大自己的实力、割据一方当一个“霸主”的话，那么在官渡之战一举消灭当时最强大诸侯的曹操，今后就只有“九合诸侯，一匡天下”这一个念想了。从这个意义上讲，官职可以说是一个晴雨表。如果司空负责的是争霸的话，那丞相责无旁贷只有统一了。

建安十三年，汉献帝一纸诏书，任命曹操为丞相，领导全面工作。这一次，曹操没有推辞，也不可能再让给谁了，这个丞相之职已经非他莫属。

奇怪的是，担任主管水利、工程多年却毫无建树的曹操，却在离职之前启动了一个巨大的营建项目，在冀州治所邺城临铜雀台开掘一个巨大的人工湖泊。

这次工程营建的目的，与一千多年后的 1888 年颐和园（前身为清漪园，重修后改此名）重建有异曲同工之处——训练水师，以备征战。不同的是，直到重修颐和园的清王朝灭亡（公元 1911 年），也没有哪怕一条北洋海军的军舰来此训练；而曹操所建的玄武池，却在半年之内就打造出一支可堪水战的“雄师”（虽然后来成为“熊兵”），用来饮马长江，完成曹操统一中原的梦想。

有人建议曹操把兵移交给朝廷，辞去丞相职务，回到自己武平侯封国去养老享福。曹操的回答是：断乎不可！为何不可？大则言之，是不能让国家再次陷入战乱；小而言之，是个人不能图虚名而招来实实在在的祸殃。所谓不得“慕虚名而处实祸”，可谓曹操操纵王霸之术的传神之笔，集中起来就是一个“实”字。权至顶峰，何图虚名。既然实权在握，不封皇名，黎民臣子又能奈我何？

成功之道

正名也是一种战术

中国人总说，名不正则言不顺，言不顺则事不成。“不蒸馒头争口气”的思想也是我们重要的国民性心理之一。但有时候，“谦虚”不一定就是好品质，它可能等同于虚伪，也可能是推卸责任。因此，我们不能总当“谦谦君子”，必要时也要“当仁不让”，应该肩负自己的责任，成就一番大事。

2. 乱而取之，兵法精义

孙子曰:“兵者，诡道也……利而诱之，乱而取之，实而备之，强而避之，怒而挠之，卑而骄之，佚而劳之，亲而离之。攻其不备，出其不意。”也就是说，用兵作战，其实就是诡诈。对方贪利就用利益诱惑他，对方混乱就趁机攻取他，对方强大就要防备他，对方暴躁易怒就撩拨他怒而失去理智，对方自卑而谨慎就使他骄傲自大，对方体力充沛就使其劳累，对方内部亲密团结就挑拨离间。要攻打对方没有防备的地方，在对方没有料到的时机发动进攻。这里的“乱而取之”便是曹操的用兵之道。

建安十三年春，曹操在邺城修筑玄武池，训练水军，以备统一南方之需。看一看时间表，曹操彻底消灭袁绍势力是在建安十二年，转年正月他就开始训练水军。而这项工作更是出奇地顺利，在仅仅半年后的七月，曹操就率领得胜之师“旌麾南指”，征伐荆州的刘表，可谓是马不停蹄。

从史书上看，官渡之战的时间应该是从建安五年袁绍渡黄河南下开始，其后续作战一直延续到建安十二年袁尚、袁熙身死，历时长达八年。而就在转年的建安十三年，就爆发了三国史上三大战役中的第二个——赤壁大战。也就是说，官渡和赤壁两次战役之间，几乎没有任何空当。而作为这两大战役“主角”的曹操，真的不需要把袁绍的北方势力先“消化”一下，再向南“咬”出下一口吗？南方是鱼米之乡，河湖港汊密布，曹操仅仅在玄武池训练半年的水军，真的能够以“旱鸭子”的身份与孙（权）刘（表）两军的“弄潮儿”对抗吗？

此时的曹操，可能也有些怀疑。但是，时局容不得他再怀疑下去了，一个天赐良机摆到了他的面前。这个机会要从曹操南征的第一个对象——刘表的荆州集团说起。而荆州集团，则要从此时依附刘表的刘备说起。

前文提到，刘备在官渡之战期间加入了袁绍阵营，曾经奉袁绍之命南下汝南，帮助曹操背后的刘辟等人发动叛乱，偷袭曹操的大本营许昌，但被留守的大将曹仁打得惨败，灰溜溜地逃回河北。战场上打败仗，对于刘备来说是家常便饭，但这并不妨碍他成为一名优秀的政治家。回到袁绍的黎阳大营后，“嗅觉灵敏”的大汉皇叔极有可能感受到了什么，这种东西可以叫作“失败的气息”。他看到田丰、沮授的遭遇，瞬间感到了自己所托非人：这个刚愎自用的袁绍，迟早会败在曹操的手上。

于是，刘备再一次决定开溜。当然，这一次开溜的方向，肯定不能是对面的曹操。虽然在他看来曹操胜券在握，但自己的上一次开溜，背叛的就是此人，再回曹营无异于自投罗网。思虑再三，刘备向袁绍建议：不如派人去联络荆州的刘表，此人的势力远在刘辟之上，有他的加盟我们可以再一次施行南北对进计划，一定能击败曹操。那人选呢？当然是刘备。为什么？因为刘表也是汉室宗亲，是刘备的大哥啊。

就这样，刘备投奔了荆州的大哥刘表，再也没有回到袁绍的阵营。虽然刘备的本意是开溜，但与曹操不共戴天的他也希望刘表能够加入官渡之战，从背后捅曹操一刀，至少能让在官渡获得胜利的曹操付出相当代价。这个建议应该说是对的，除刘备外，刘表手下的其他谋士也都赞成他以楚汉争雄中韩信的角色，站在袁、曹两方中间，左右逢源，两边讨好，也两边不得罪，趁机做大自己。

但是，正如前文所说，刘表其人是典型的封建士大夫角色，他的志向只在保境安民，在乱世中保留一方乐土、护佑一方生民，并没有争霸天下的野心。加之对刘备这个“三姓家奴”一般的弟弟有所猜忌，断然拒绝了他偷袭许都的建议。同时，他也拒绝了曹操以天子名义的招抚，在历时八年的袁、曹对决中，始终按兵不动、作壁上观。

总想为这“老好人”刘表开解几句，但是实在不可否认，乱世远远不像他想得那样简单。群雄逐鹿，仿佛逆水行舟，不进则退，没有人能够置身事外。更可怕的是，刘表掌控下的荆州集团却基本没有人像领导本人那样心如止水，反倒是不安分的。其实这也很好理解，就像近现代的某些国家总是用侵略他国的手段转移国内矛盾一样，荆州集团长期的对外不作为愈发暴露了集团内部日益尖锐的矛盾冲突。

诸多矛盾的核心是立储问题。建安十三年，荆州牧刘表已经六十六岁了，在今天来讲当然不算什么，在当时确实是高龄了。百年之后谁来接班？这是荆州集团最大的利益集中点。长子刘琦，为刘表先妻所生，身后是驻守新野的刘备、诸葛亮（刚刚出山），本人在外统兵，驻守战略要地江夏；少子刘琮，也是刘表先妻所生，支持者却是刘表后妻蔡氏（因为他娶了蔡氏的侄女）和蔡氏宗族，首领为蔡瑁、张允等人，统领着荆州大部分兵马，且驻守治所襄阳。两派势力剑拔弩张，互不相让。

最重要的是，刘表也拿不定这个主意。垂暮之年的他，为立储苦恼不已。找人排解一下吧：先和刘备商量，兄弟的态度明显偏向刘琦，这种态度再明显不过了，他是要借刘琦即位夺下蔡氏宗族的兵权，之后荆州是刘备的还是刘琦的，这个就说不好了；再找妻子蔡氏说说，这女人连嫌都不避，直接就推举侄女婿刘琮，而且言辞之间对刘琦、刘备都是不怀好意的，如果刘琮接班，刘琦估计性命难保，荆州很有可能会起内乱。

晚年的刘表，就在立储问题的矛盾心理中走向了生命的终点。而曹操的情报网已经把荆州的一切问题总揽上报。趁火打劫，这种便宜曹操是不会错过的，袁绍已灭，此时正是时机。

这个时机一来，师老兵疲、水军尚未练熟这些问题，就统统不是问题了。一个内部四分五裂的荆州，即使水军再强大，也不会对曹操统一天下的步伐造成任何阻碍。

建安十三年，曹操南征刘表。

成功之道

用最经济的方式取胜

趁火打劫，是三十六计中相当经典的一计。在敌人处于遭遇困境、混乱状态的时候，出其不意地打败对手。这一计的精义在于，它能够以最经济的方式获得最大的收益。我们在事业打拼中，也必须有洞察时局的眼光，既了解自己，又要随时观察对手，这样才能在敌人露出破绽之时准确抓住战机，趁乱取胜。另外，收起你那“宋襄公式”的傲气，骑士对决，那早已是中世纪的事了。

3. 天下武功，唯快不破

建安十三年，曹操乘袁绍初定的兵威，不待休整补充，也不待水军训练精熟，就趁荆州将要内乱的时机举兵南征，很快到达了荆州以北的宛城。

此时，虽然曹操已经高居大汉丞相之位，挟得胜之师南下，但是可以看出，比起官渡之战前长达五年的备战期，曹操此次南征就显得很仓促，甚至可以说是缺乏必要的辎重储备、水军训练，包括外交斡旋（西凉马超、韩遂尚在，随时可能东进长安）。这些隐患并没有被曹操忽略，但经过权衡，荆州即将大乱这个机会实在千载难逢，值得一搏。

曹操认为，迅速反应、立即行动，自古成功者无不如此。避免反应迟缓、决策犹豫，提倡看得到、抓得起，是决策者的基本要求。看准了，就要果断出手，抢得先机，否则就会处于被动。

这一搏顺利吗？答案是出奇地顺利，甚至超出曹操自己的想象。早在建安二年，曹操就有过首次经历，目标是盘踞宛城的张绣，他不待曹操进攻就率部归乡（后又降而复叛，最后在官渡之战前彻底归顺曹操）。这次的局面和十一年前那次十分相似，也是曹操的军队走到宛城，还没有攻打荆州本土，荆州就遣使归降了。但这两次归降的分量是不能同日而语的，张绣是当年曹操精挑细选的“软柿子”，而刘表的荆州集团却在此地驻防有时，地盘有九郡之多，带甲十余万，且有长江天险和深谙水战的舟师。

估计曹操做梦也没有想到荆州会不战而降，因为他的情报上只说了荆州派系林立、内耗严重，这个情报表述的“战机”，仅仅是曹军如果快速进军，就有可能以付出伤亡较小的代价击败刘表，攻取荆州。而当曹操兵进宛城，另一份决定性的情报则把这个“战机”演化升级为只要曹操率部进军靖仇，就能够兵不血刃拿下荆州。这一“升级”竟是说，本带着几分赌徒心态南下的曹操，连本钱都不需要下了。

这份决定性的情报是：刘表死了。对于曹操来讲，刘表死得太是时候了。曹军七月南下，刘表八月就死了，上天冥冥之中在开战之前替曹操完成了“斩首行动”。

如果说刘表在世时，荆州两派——刘备支持的长子刘琦派和蔡瑁支持的少子刘琮派尚是互放暗箭、私下争斗的话，那么刘表这个有润滑两派作用的领导一死，两派的矛盾立刻被直接摆在了明面，且是剑拔弩张。争斗的焦点还是老问题，究竟谁接班。同样的问题，不同的是：刘表尚存时，这个问题还可以从长计议，毕竟选的是“储君”；而刘表暴死，这个问题就必须马上得到解决，容不得争议留存，因为此时选的已经是“君”了，而国不可一日无君。

站在荆州方面的立场上看，我们也不能责怪刘表走得不是时候，因为这个实在是天意使然，由不得他自己。但刘表作为一个政治家、一个雄踞一方的诸侯，却在他人生的最后阶段犯下了一个严重且不可原谅、无法弥补的错误——他直到咽气，最终也没有点明这个接班人选。不过，也有的史家认为这并不是刘表的错，因为他在弥留之际可能被妻子蔡氏和蔡瑁等人控制了，想要指定刘琦接班却被蔡瑁等人篡改了遗诏。

这种辩解开脱之词显然是苍白无力的。作为一个身负重任，掌握着千万人荣辱兴衰、生死存亡的集团领袖，把接班人问题一直拖到临死前，这本身就是不可原谅的错误！况且，即便是在病入膏肓之际被人挟持，刘表也有一个安定天下的绝招。什么绝招？明下诏书，就立蔡瑁等人支持的刘琮为嗣，然后把诏书传示荆襄九郡，让刘备、刘琦他们都看到。

这可能有向恶势力妥协的意思，但抛开无用的道德审判，这是在无能为力的情况下，保证荆州集团内部团结最后的救命稻草了。可就是这最后的稻草，刘表也没有抓住——直到身亡，也没有只字片语的遗诏留下（当然也可能有立刘琦、刘备辅政之类的内容，被蔡瑁等人毁了）。

失去了这最后的机会，荆州集团在刘表身故不久后就将万劫不复。就只能由襄阳的蔡瑁等人推举，这一推举自然也是刘琮当选。同样是刘琮接班，刘表的明诏委任和蔡瑁等人的推举，效果可大不相同，还是那个“正名”问题。如果是刘表遗书，那就无可厚非，刘备等人再反对也只能保留意见；而这“推举”的效果就大不相同了，刘备是不可能从命的，不仅仅因为接班人不是他所支持的刘琦，他也有充足的理由不奉蔡瑁、张允这些“乱臣贼子”的命。很快，刘备和刘琦联合起来，准备用武力解决谈判桌上解决不了的问题。荆州的内战，即将在刘表尸骨未寒之际爆发。

这就是新任的荆州牧刘琮，包括实际掌权的蔡瑁、张允、蒯越等人坐拥超强实力仍旧不战而降的真正原因。这些人平时与刘备势不两立的根本原因，就在于他们的潜意识里对刘备这个天下枭雄都有能力上的认同，一旦开战，他们都不是刘备、诸葛亮的对手。此时唯一能够战胜刘备的人却不在荆州，而驻扎在离荆州不远处的宛城，他就是刘备一生的对手——曹操。梳理一下刘琮、蔡瑁等人投降的心态吧：即便是刘琮成功地当上了刘表的接班人，但未来荆州的拥有者可能是两个人——曹操和刘备。如果投降曹操，他们丧失的将是尊严；而一旦荆州落入刘备之手，刘、蔡等人丢掉的恐怕就是脑袋了。

孙子说：“兵贵拙速，不尚巧迟”；“兵贵胜，不贵久。”先发制人贵速，主动攻击贵速，捕捉战机贵速。曹操之所以能够成就霸业，其主张迅速反应、立即行动的作风是致胜的关键。

此时坐收荆州的曹操，即将发动另一场“闪击战”，这次的目标是此时奔向战略要地江陵的刘备。

成功之道

永远比对手快一步

抢在前头，方可赢得主动，占领高点，抢得先机。在两方的较量角逐中，如果有一方能够保证事事想在另一方前面，也做在另一方前面，那他将毫无疑问地成为最后的胜者。

从这个角度来讲，争这个先手就是在争最终的胜负。武侠小说中的天下武功唯快不破，说的就是这个道理。我们在面临竞争时，难免会有这样那样的犹豫，反复思虑着自己的计划还有种种不足，“深谋远虑”地思考着可能出现的纰漏，战机往往就在这期间悄无声息地溜走了。记住，你永远不可能做到无懈可击，当你走到对手的面前时，就可以“动手”了。

4. 把握好进退尺度

曹操兵不血刃地进入了荆州，但此时却不是停下来从容点验新得到的战果的好时机。因为此时被曹操视为最强劲对手之一的刘备，已经离开了他先前据守的樊城、新野，一路南奔，抢占江陵。

大家都知道，一个欲成就霸业的人必须把握好进退的节奏，当你事业小成、取得些许进展的时候，千万要注意旦夕之祸，不能马失前蹄，至少在心理上要做好准备。一步踏不到点子上，苦心经营的大厦顷刻间或许就会坍塌。因此，有必要控制好进退的节奏。

那么刘备为什么放弃樊城、新野呢？自从来到荆州依附刘表开始，刘备就长期经营新野，不但从这里招募了诸葛亮、徐庶、马良等谋士重臣，还两次击败了曹仁、夏侯惇等人率领的、曹操在大举南征前用作试探的偏师部队。放弃此处，主要出于两个原因：其一就是实在守不住了。新野樊城的位置在汉江之北，曹操的大军已经到达宛城，而防守汉江南岸荆州首府襄阳的蔡瑁、刘琮等人已经投降曹操。此时如果再坚持驻防新野，刘备很快就会被南北夹击，再想跑就来不及了。

第二个原因则更重要，就是江陵的战略地位十分重要。江陵位居汉水之南、长江北岸，且不说此时这里囤积着荆州集团储备多年的军械、粮谷、战船等战略物资，单从地理位置而言，它也是刘备宁愿舍弃大本营新野而必须率先抢占的地盘。刘琮投降，刘备基本是无力阻止的，很快荆襄地区就会落入曹操之手。但是，荆州的地盘很大，从长江流域一直向南延伸到岭南地区，即使曹操动作再快，也难以很快到达那里。

翻开地图，可以看到江陵正扼守着荆州所属的长江西段，而下游东段则属江夏郡，以江陵、江夏这两处战略要地守备长江，就能轻而易举地遮蔽江南地区，使曹操的势力无法到达。而在江南，有武陵、长沙、贵阳、零陵四郡之地，是荆州真正的腹地。此时，刘备正奔向江陵，而在东部江夏驻守的是与刘备关系最密切的刘表长子，在荆州储位之争中落败的刘琦。

刘备的“抢点”准确无误，一旦他到达江陵，荆州就将发生真正的分裂。曹操虽然纳降刘琮、蔡瑁等荆州首领，但最终得到的不过就是襄阳等江北少数地区。真正的荆州主体部分将尽落刘备之手。曹刘两军，也将沿长江形成对峙，这种局面是曹操绝对不希望看到的。因此，在进入襄阳之后，他抛弃了全部辎重，选派精锐骑兵，一日一夜行军三百里，终于在江陵以北的当阳长坂追上了刘备。

此时的刘备，身边不但有数千兵士，还带着十余万从樊城、新野一路跟随而来的百姓，与曹操骑兵昼夜三百里的速度相比，他南下的速度仅仅是日行十余里。刘备南逃为何还要携带百姓，以致抢点意识准确，行动却十分迟缓？这个问题很难解释，能够勉强说得通的也就是刘备“以人为本”的思想。无论如何，刘备没有到达江陵。

后退是为了更好地前进，放松是为了在需要时更好地发挥出自己的能量。只有步步踏到鼓点上，可进可退，可大可小，进退出处皆有章法者，才能笑到最后。

在长坂，曹操再一次击败刘备。但此一战却使刘备阵中的两员战将威震天下：一个是赵云赵子龙，在长坂坡他怀抱未来的后主刘禅，杀出重围，斩将刘旗，成为败军之中的英雄；另一个是张飞张翼德，在长坂桥，他只带二十余骑兵为刘备断后，几声暴喝吓退了曹操的追兵，使刘备向东渡过汉水，顺利到达夏口（今武汉），与关羽顺江南下的水军和江夏刘琦的部队会合。

战胜了刘备，曹操的部队顺利到达江陵。至此，荆州除了东部江夏等少数地区，尽数落于曹操手中。接下来，曹操必须完成他之前匆忙间无暇完成的工作，盘整新得到的荆州。

首先是封官。刘琮投降，主意是章陵太守蒯越、东曹掾傅巽、“建安七子”之一王粲等人的建议。这些人就和当年劝张绣投降的贾诩一样，对曹操是有大功的。曹操对他们一一封赏，提拔任用。

提到功劳，以上几人再加上蔡瑁等人，都比不上另一个人。这个人名叫韩嵩，原为刘表的幕僚，在官渡之战期间曾经建议刘表归顺曹操，刘表当时尚游移不定，就派出韩嵩去许都打听情况。韩嵩起初是不愿意去的，因为许都不但是曹操的所在，也是天子的所在，一旦天子有所赐封，他的身份和立场就会发生改变。可是，即使韩嵩有这一番明确的说明，刘表仍旧坚持派他前往，结果不出韩嵩所料，天子果然对他加官进爵，并派韩嵩回荆州招抚刘表。刘表顿时感到了“背叛”，把他关了起来。

曹操对于韩嵩，更是感激不已。一进襄阳，首先想到的就是把韩嵩放出来，还加封大鸿胪，把他带回许都，成为自己的臂膀、天子的近臣。

第二件事是练兵，练水军。曹操并没有忘记他的水军只在玄武池训练了半年就匆忙出征这一事实，荆州一役虽然没有“亡羊”，但他也没有忘记“补牢”。于是，曹操任命降将，久在荆楚之地深谙水战的蔡瑁、张允掌管水军，帮助曹操把北方青徐之兵训练成胜任水陆两栖作战的“海军陆战队”。

第三件事是受降。有一个典型的代表——文聘。此人原本统兵在外，直到曹操击败刘备进入襄阳，才姗姗来迟，拜见新主子。曹操当然要问一问他迟到的原因了，可文聘这一回答却深深震撼了此时志得意满的曹操。他说：“我作为荆州之臣，不能辅助刘荆州（刘表）以奉国家，现在他老人家走了，我只能为他守备四方，也算是不辜负他的在天之灵。现在刘琮他们投降了，我无能为力，却又悲痛欲绝，怎么能早来‘报到’啊。”

这分明是又一个沮授，曹操再一次动了爱才之心：当年我没有留下沮授，至今仍令我深感遗憾，今天文将军你，一定不要再让我失望啊！不同于谋臣沮授有一颗愚忠的心，文聘坚守的信念是士为知己者死，面对曹操的真诚，他最终答应为曹操镇守江夏，这一守就是一生。

最后还要交代一下刘琮的结局。和《三国演义》的描述相同的是，曹操确实封他为列侯，拜为青州刺史，让他离开荆州，到北方去做官；不同的是，曹操并没有派出于禁的追杀部队，刘琮最终的结局是寿终正寝。

胸有城府的官场谋略，预示着曹操的政治生涯将会有更大的建树。把荆州巩固成了自己的前进基地，下一步，曹操的目光沿着滚滚东逝的江水转向了江东。

成功之道

踩刹车是个重要的环节

我们往往醉心于赛车场上的风驰电掣、飒爽英姿，却常常忽略了驾车的一个关键环节就是踩刹车。如果不会加速，你丧失的仅仅是时间；而如果不会刹车，你丧失的可能就是生命了。乘胜进军自然让人心旷神怡，但乘胜冒进就犯了兵家大忌。我们必须当好自己的司机，把握进退的尺度。“先为不可胜，以待敌之可胜”，稳着点，慢慢来。

5. 用王道服人，用霸道慑人

建安十三年十月，曹操在当阳长坂击败了南奔的刘备，成功占据了战略要地江陵。但是，刘备仍然没有被彻底消灭。长坂失败之后，他继续向东撤退，渡过了汉水，在关羽和刘琦水军的接应下逃到了东边的夏口。

刘备对走为上计有着深刻的理解，对逃跑驾轻就熟，这么说并没有讽刺的意思，逃跑同样是一门学问。离开袁绍南逃，刘备好比离开了一艘正在漏水的船，避免了船沉人亡的悲剧；逃往江陵，如果成功了，他将占据荆州三分之二的州郡，再搜罗文聘这样刘表手下不愿降曹的旧臣，他完全有可能成为真正取代刘表的新主人；南逃失败，江陵是去不了了，他又选择了刘琦所在的江夏，这里不但有足够他暂留的容身之地，还有他对抗曹操的重要力量。

这个力量叫作盟友，这个潜在的盟友具有足以抗衡曹操的实力。它就是孙氏的江东集团，位于江夏东侧的江南地区。这个集团的创始人孙坚，与曹操有着不解之缘，早在讨伐董卓的关东盟军时期，曹、孙二人就同为联军将领，且是少数几个真正出兵进攻董卓的诸侯。江东集团的第二任领袖，是真正打下江东基业的孙策。他在父亲身死后，借袁术之兵几年间就打下江东六郡八十一州县，但在官渡之战期间死于非命。

江东集团的现任领袖是孙权，年仅二十六七岁。根据孙策死前的判断，他是一个善于“守成”的君主，江东集团将在他的手里逐步走向壮大。但孙权的“守成”并不同于刘表，他不是坐以待毙地“守”，而是在天下大争的前提下保持中立，以待时机，一旦时机成熟，也将反守为攻。在即位的几年中，他也曾趁荆州内部失和，以报父仇（孙坚死于刘表的部将黄祖之手）为名，三次进攻荆州的江夏郡。刘琦在此驻守，目的就是防备孙权的再次入侵。同曹操一样，孙权对荆州也是有野心的。有侵夺荆州之心的孙权，会成为刘备的盟友吗？

这还得看江东集团和曹操的关系。早在官渡之战时期，曹操为拉拢孙策加入自己的阵营，曾经以天子的名义予以册封，并互通婚姻，结为同盟。但孙策与张绣不同，他并不甘居于江东，而是要逐鹿中原，称霸天下。在官渡之战袁、曹对峙时期，孙策曾经策划渡江攻击许都，可是还没实施，就死于刺客之手。

也就是说，江东孙氏集团在感情上是不偏向曹、刘任何一方的。于荆州集团，有杀父之仇；于曹操，也有丧兄之恨。没有情感，只剩利益了，谁给的利益多，孙权的天平就会偏向谁。

正在刘备联络孙权的谋士鲁肃积极争取孙刘联盟的时候，曹操也在考虑如何对待江东集团的问题。他此行是仓促出征，本来的目的仅仅是消灭刘表，拿下荆州。到此，他的全部战略意图已经实现。但是，正是由于攻取荆州的计划轻易地就实现了，曹操开始考虑是不是要“搂草打兔子”，扩大一下打击对象。应该说曹操此时还是具备一些有利条件的：拿下荆州，占据长江上游，可以顺江而下，全取荆州水军，也能够在水战上对抗江东。

王道贵文，以德治天下；霸道尚武，以力取天下。前者取柔，所以积弱易之；后者取刚，所以积怨速之，各有所偏。历观中国古代，有尚文，有尚武，也有文武杂用，五霸两道兼顾。思虑再三，曹操决定先出一招“投石问路”，试探一下孙权，发出了那封在历史上备受争议的“恐吓信”。

近者奉辞伐罪，旌麾南指，刘琮束手。今治水军八十万，方与将军会猎于吴。

这封简短的信，字里行间都透着杀机。揣测曹操此信的真正意图，我们要从这封信之外进行分析，主要是针对荆州降将，特别是刘琮的态度。对他们，曹操是用最宽容的心、最真诚的态度，极尽拉拢之能事。而与之相对的是对刘备的穷追猛打，与降将个个高官厚禄相反，刘备的遭遇是“弃新野、走樊城、败当阳、奔夏口，无容身之地”。如此鲜明的反差，就是曹操的对敌之道。

曹操的出征，是代表天子的正义征伐。降顺的，既往不咎，给予优待；反抗的，一律严惩，不留任何余地。这些就是曹操此信的全部意思：学刘琮，别学刘备，否则老夫对你不客气。

这样一封信，确实吓住了孙权，但这一吓威力有些过大，吓得孙权手下的周瑜、鲁肃等主战派都跳了起来，干脆联合刘备和曹操拼了。这一拼，就拼出了中国古代战争史上最著名的大战之一——赤壁之战。

纵观曹操的一生，其实就是王霸两道兼用的一生。只不过三国时代特殊的历史背景，让曹操对霸道似乎更钟情一些。军队是曹操施展霸术的工具，其施展手段巩固军队，提高战斗力。为此，他建立了“霸王之兵”，并始终牢固地控制着最高指挥权，使之成为名副其实的“曹家军”。

成功之道

多管齐下，事半功倍

在商场竞争中，人们总讲究打“组合拳”，用一揽子计划攻击对手，总会使对手露出破绽。“两面三刀”并不会分散自己的战斗力，相反，用多种手段施行多重打击，对手就会疲于招架，自己就会事半功倍。我们要成功，就要避免仗着血气之勇横冲直撞、不讲策略，而要灵活运用各种手段，做到出其不意，这就成功了一半。

6. “君子”可欺之以其方

在诸葛亮、鲁肃、周瑜等主战派的积极奔走下，江东集团的主战派说服了老板孙权，他决定派周瑜溯江而上，迎击曹操水陆并进的部队。建安十三年十一月，曹操的部队到达赤壁，南北两军分别陈列于长江两岸，又一场决定未来天下命运的决战即将爆发。

但是，兵临赤壁，大战在即，曹操军队的弱点开始一一暴露出来。虽然曹军在数量上占据绝对的优势，但此时他们的战斗力已经大打折扣。曹操的北军大抵可以分为两部分：一部分是曹操从北方带来的青徐之兵，另一部分则是刚刚投降的荆州水军。现在，这两支军队都存在严重的问题。

先说北方来的青徐之兵。他们的问题首先是疲惫不堪，从建安元年开始，这支部队基本上“一年三百六十日，多是横戈马上行”，虽然战果辉煌，但得不到必要的修整和补充。用诸葛亮的话说，这支为曹操所倚仗的铁军雄师此时已是“强弩之末，势不能穿鲁缟矣”。其二是水土不服，这个问题也有疲惫的原因在内。初到赤壁，北军中就瘟疫流行，将士普遍感染疾病。

再说归降的荆州水军。他们也有两个问题：其一是战斗力本就有限，这支军队一直由蔡瑁、张允等人统领，这些人的能力本就不尽如人意，还热衷于搞党派斗争，致使荆州军军备废弛，在之前与孙权、周瑜的水军作战中屡吃败仗；其二是战心问题，这支军队是刘表一手建立起来的，现在刘表新亡，他们要为素不相识的曹操卖命，还要与老主公的长子和弟弟以死相拼，这个弯并不是马上就能转过来的。

基于这些原因，南北两军在赤壁交锋的第一仗，曹操打败了，只好放弃原本的渡江计划，把水军拉回北岸，与江北岸上的陆军部队会合，重新等待时机。

人生遇到进退两难、坦然不知所措之时十之八九，这也是一个人成败的关键。

初战不利的曹操开始了反思。早在向赤壁开进之前，他的核心谋士之一贾诩就曾劝他：不要急于向东南推进，现在荆襄之地已尽落我手，正好可以在这里休养生息、习练水军，完成丞相您在北方仓促中没有完成的那些事。这个建议遭到了当时已经开始得意忘形的曹操的拒绝。但曹操毕竟是曹操，他不可能无缘无故地连续犯错，首战的失利瞬间给他发热的头脑降了温，他决定先停一停，就在北岸训练士卒，养精蓄锐。

历史总有惊人的相似，与官渡之战一样，赤壁大战眼看也要进入相持阶段。我们可以想象一下，一旦两军也在赤壁对峙个一年半载，再次决战的时候会出现什么情况呢？曹操的青徐军经过训练，水战已略窥门径；荆州水军归降日久，浮躁的心渐渐平静，逐渐认清了新任老板，与青徐军的磨合也基本完成。本就实力强大，又用时间弥补了初到时劣势的北军，很有可能轻而易举地击败孙刘联军，然后水陆并进，拿下东吴全境。

轻取荆州的胜利助长了曹操骄傲轻敌的情绪。他想以自己和荆州的水陆军,乘胜沿汉水和长江顺流东下,会师夏口,席卷江东。谋士贾诩向他建议：先利用荆州丰富的资源休养生息，巩固新占区，然后再动兵。可是已经被胜利冲昏头脑的曹操哪里听得进去，依然一意孤行。

此时战况的推演让曹操心头暗喜，却更让他的对手周瑜、诸葛亮等人毛骨悚然：必须阻止这种情况的出现。初战之后，曹操要的是缓，而对于孙刘联军，必须急战。能早一天与北军决战，南军的胜算就多一分。一旦曹操在江北站稳脚跟，孙、刘两方都将死无葬身之地。

战场的形势已经很微妙了，时间成为决定双方胜负的主要因素。眼看时间一天一天地流逝，曹操的兵力优势将越来越明显，周瑜在南岸焦急万分。这时，部将黄盖建议：南北两军的对峙已有月余，敌众我寡，时间对于我们很不利。曹操为了训练水军，已经把大小船只都用铁链锁起来了，现在用火攻，可以一击制胜。

除了火攻“伐兵”的策略，黄盖还另有“伐谋”的辅助计策，即由他本人献书曹操——诈降！这个曹操历来奸诈，从来都是他“忽悠”别人，这一次我们也要“忽悠”他。周瑜大喜，一张火攻辅以诈降的大网正向曹操的北军撒开。

高，实在是高！黄盖的诈降策略堪称经典。曹操在北岸干什么呢？训练水军，等待战机啊！黄盖这诈降书送来的，不就是传说中的“战机”吗？初战失利后，也就是“战机”这东西能够打动曹操已经平静下来的心，让他打消长围久困的正确战略，听从孙刘联军的安排，在立足未稳之时就与南军决战。当然，黄盖能够成功“忽悠”曹操这位“大忽悠”的原因，还在于此时投降也符合逻辑，毕竟曹强孙弱的局面很明显，在周瑜起兵之前张昭等人不就力主投降嘛。

曹操本性多疑，但这一次由于深信是自己吓坏了敌人，竟全信而不稍疑，结果上了大当。自古以来骄兵必败，曹操虽为一世枭雄，终究逃不脱现实的惩罚。沧桑人间，世事无常。三十年河东，三十年河西。一生都在“忽悠”别人的曹操，这次是彻彻底底地被人忽悠了。当他心心念念地等待着黄盖成为下一个许攸的时候，孙刘联军的大网正向他撒开。

成功之道

以彼之道，还施彼身

以彼之道，还施彼身，是小说《天龙八部》中姑苏慕容家的绝学，用对手最擅长的武功将其击败。我们常说，凡是淹死的，都是会游泳的。人们容易出现思维盲点的区域，总是自己最擅长的那部分，正所谓君子可欺之以其方。我们在展示自己“烛照之明”的时候，也不能忽略了“灯下黑”的部分。

7. 终极的王霸之术是“忍术”

建安十三年十一月二十日，注定会成为曹操终生难忘的一天。这一天，就是东吴押粮官黄盖约定投降的日子。这一天，意气风发的曹操带领着手下众多文臣武将走出了军中大帐，来到了岸边的水军营寨，等待迎接这位“许攸第二”的归降，迎接又一个扭转乾坤的日子。这一天，刮的是东南风（当然不是诸葛亮借来的）。

再说南军。黄盖并没有失约，他将在这一日率领手下船队驶向北岸，只不过这十余艘舰船上装载的并不是黄盖负责的粮草，而是淋满火油、撒满硝石等引火之物的柴草。这支“特遣舰队”船身包裹着赤布帷幔，上插龙帆旌旗，顺着这一夜的东南大风，浩浩荡荡地离开了南岸。

黄盖的舰队顺风顺水，已过江心。正当曹操和手下众将指指点点，相互道贺，共同畅想着黄盖归降后的势如破竹时，形势却骤然大变。距离北军营寨仅有两里时，船上的黄盖一声令下，军士迅速改乘小船，同时点燃大船上的柴草，满帆的火船舰队瞬间撞向了北军的营寨。

曹操和北军士兵都惊呆了，原来天堂和地狱真的仅有一步之遥，官渡之战时袁绍经历的，这次也要在曹营重演了。事发突然，上至曹操，下至普通士兵，每个人都来不及做任何反应就身陷火海之中。很快，“烈火初张照云海”，然后是“赤壁楼船一扫空”。

正当曹营水陆两军烧死、溺死无数，陷于一片混乱的时候，周瑜率领的孙刘联军出动了，大军和那支“特遣舰队”一样，同样借着这一夜的东南大风，同样是势如破竹。当周瑜的部队登上北岸的时候，战局胜负已见分晓，曹军再难支撑。猝不及防的曹操，此时也下达了他在火烧赤壁一战的第一道也是最后一道命令：焚烧水军剩余舰船和水旱两寨，撤！

这一夜，发生了中国战史上著名的三江水战——赤壁鏖战。

这一夜，曹操遭到了自起兵以来最惨痛的失败，几十万精锐损失殆尽，踏平东吴的梦想落空。

这一夜，曹操倒溯着三个月前进军的路线，率领着数千残兵败将，一步步“挨”向江陵。

此时的曹操，已经是狼狈不堪了。但最狼狈的一幕，还发生在撤退到华容道的时候。不过，给曹操制造这种狼狈的并不是早已埋伏在这里等待活捉这位大汉丞相的关羽，而是大雨滂沱之后泥泞不堪的道路。曹操只得派遣老弱病残在道路两旁的山上砍伐树木，堆在路旁，使大部队得以通过。而“道路”刚刚铺好，曹操手下战斗力尚存的骑兵就冲了过去，全然不顾铺路的弱兵的死活，他们中的很多人就死在了自己骑兵的马蹄之下。

在赤壁，曹操失去了他多年的骄傲；而在华容，曹操又丧失了他作为一名政治领袖和军事统帅的尊严！

但他是曹操，他必须如此！经历赤壁的惨败后，道义礼法已经是曹操难以再去背负的重压，他的脑海中只剩下唯一一个信念——活下去，不顾一切地活下去。只要曹操活着，曹操就还是曹操，一切都还有希望。

留得青山在，不怕没柴烧。只要人在，心在，即使失败了，也有东山再起的一天。所以，任何时候都要有这样一个信念：存在是最重要的。生命还在，就有希望。的确，个人立于世间，必须善于保护自己，如果连自身的安危都不能保护，创业、成大事等都将是一席空谈。

> 胜败兵家事不期，包羞忍耻是男儿。
> 江东子弟多才俊，卷土重来未可知。

曹操对这个道理的理解，远比项羽要深刻得多。他把生死看得更重，作为一个集团领袖，他的生命不仅属于自己，他必须背负众人的希望，没有以死捍卫尊严的权利。即使是“天要亡我”，也要争他一个“我命由我不由天”！

胜利者是很容易宽容对手的，而失败者能够宽容自己则很困难。包羞忍耻是衡量一个男人真正胸襟的重要标尺。而曹操，正是这样一个极为豁达的铁骨头、硬汉子。尚未完全摆脱孙刘联军追击的他，又露出了那标志性的自信微笑。看到主帅的微笑，经历了一夜生死考验的士兵们读懂了其中的意思：这一刻，曹操又站起来了，曹操集团的大旗永远不会倒下。

进入江陵前的一刻，曹操又情不自禁地掉转了马头，再次将目光投向了东南方向——那片有飞鸟栖息、有渔舟唱晚的“天下第一江山”。他心中闪过一个念头，再次露出了会心的微笑。

遭遇逆境的时候，自暴自弃会带来恶性循环，忍耐常人不能忍的事情才是上策。当敌我之间的力量太悬殊、正义与邪恶之间的势力差距太大时，忍耐便是一种最明智的退却手段。不硬拼，不消磨自己的元气，将力量慢慢地蓄积起来。

曹操正是深谙此理，才在身处逆境、置身祸中的时候临危不惧，忍一时之苦，最终成就了自己的霸业。

成功之道

忍者无敌

史诗中的英雄往往是这样：他们总是从一个成功走向另一个成功。但现实中这样的英雄并不多见，英雄的标准轨迹是由失败走向成功。胜败乃兵家常事，没有人是常胜将军，特别是在事业起步初期、缺乏经验的时候。学会隐忍，学会在跌倒中站起来，是衡量一个人成熟的标志。任何时候都不要渴求别人的同情，努力修炼你的“忍”术，即使失败了，也要做一个“英雄”。

第6章

三足鼎立，攻守兼备

——成大事必须有超常思维

赤壁之战之所以被后世史家看作三国时代最重要的一场战争，是因为曹操兵败北还，同时伴随的是“荆、吴之势强，鼎足之形成矣”。本想踏平江南、一统天下的曹操，却因为赤壁的落败，打出了东吴孙权、西蜀刘备这两个他后半生的主要对手。赤壁一战后，曹操中晚年的征战，也可以看作是用余生为那场令其痛彻终生的败笔“还债”。

1. 没有真诚，就没有成功

曹操常说，“所以勤勤恳恳叙心腹者，见周公有《金縢》之书以自明，恐人不信之故”。赤壁之战失败后，曹操留下曹仁、夏侯惇、张辽等将屯驻荆州，守备江陵、襄阳、合肥等要塞，防备孙刘联军乘胜北进。他自己则带领着残兵败将，退回到北方的大本营许昌，重新整军经武、屯田储粮，以备再下江南。

曹操回到许昌的时间，已经到了建安十四年（公元 209 年），距离曹操举孝廉、初入仕途的熹平三年（公元 174 年），已经过去了整整三十五年。这一年，曹操已经五十五岁了，到了中国古代所说的“知天命”之年。这三十五年间的曹操，有过“破黄巾、擒吕布、灭袁术、收袁绍、深入塞北、直抵辽东、纵横天下”的辉煌战绩，也有赤壁之战一夜间“樯橹灰飞烟灭”的狼狈北逃。今天的曹操，已经由一名初出茅庐的“孝廉”跃居挟天子以令诸侯的大汉丞相。这三十五年他都做了什么？他还想做些什么？到了该对这些问题进行梳理的时候了。

当然，我们不能凭空揣测古人的志向，但此时的曹操却给了我们一个入手分析的机会。这个机会来自于建安十五年（公元 210 年），他所发表的一篇令文。

这篇令文就是《述志令》，顾名思义，解读的就是进入仕途三十五年来曹操的志向、思想和经历。令文又名《让县自明本志令》，让县是曹操要推辞掉汉献帝新加封给他的三个县两万户的封地，并借此表明他的本来志向，反击来自朝中反对势力和朝外孙权、刘备等对手对他“汉贼”的谤议。这篇令文可以看作曹操从政三十五年来的述职报告，更可以看作曹操风风雨雨三十五年的“心路历程”。

曹操初入仕途时二十岁左右，当时大汉王朝虽然已经进入末世，但大乱尚未开始。曹操出身宦官之家，当时并不被人看好，因此年少气盛的他想做的就是当一个郡守，在地方上做出一些不同凡响的业绩，让世人对他刮目相看。在这种志向的支撑下，曹操才在顿丘、济南不惜得罪权贵豪绅，除残去秽，最终只得辞官归乡。

去官还乡的曹操本想就此以耕读为业，从此与官场决绝。但很快，黄巾变起，西北大乱，三百多年的汉朝大厦将倾，曹操只好重新出山，接受朝廷的任命。为国家讨贼建功，戎马一生，死后在自己的墓碑刻上“汉故征西将军曹侯之墓”，做一个征战四方的英雄是曹操的第二个志向。可惜这个志向未能达成，黄巾起义刚刚平息，董卓又来惑乱京师了，关东盟军也是外强中干，只有曹操、孙坚等少数人真心为国，但最终也失败了。

人无法选择时代，但可以利用时代创造的契机。之后，曹操“单飞”，自己率兵打天下，获得兖州为根基后迎奉天子，结束了皇帝的漂泊生涯。然后率天子之师讨伐叛逆，先后平定了吕布、袁术、袁绍、刘表等割据势力，基本统一了北部中国，凭功劳当上了大汉王朝的丞相。

曹操当上丞相，可能有许多人心下不服，但不客气地讲，如果没有曹操，天下已经不知道有多少个袁术这样的人称孤道寡、自立为王了。凭曹操对大汉的贡献，现在丞相的尊荣当之无愧。但是大家也要放心，曹操现在的志向也只是当个“周文王”，决不会再有篡汉之心，发誓决不当第二个王莽、董卓。

现在，有人认为曹操应该急流勇退，交还权力，回到自己的封地去。不客气地讲，这种建议就是包藏祸心。一旦曹操交权，不但自己和家族成员的性命堪忧，刚刚平静下来的大汉王朝也会再起大乱，这是每个大汉子民都不愿意看到的。

因此，曹操现在拒绝天子加恩赐封的这三个县，就是为了证明自己不是个贪得无厌的人，不会倚仗强权为所欲为。请批评家们从此免开尊口，察其言，观其行，看曹操今后是怎么做的。

这篇《述志令》应该是真诚的，且是字字千钧，极有分量，可以看作曹操的政治宣言和“保证书”，保证决不篡位，也承认自己决不会放弃现在拥有的权力。

曹操在文中没有明确指出批评自己的人究竟是谁？但在字里行间影射的应该有这两个人——刘备和孙权。想当年曹操征战天下、平定四方的时候，刘备这个编草鞋出身的“皇叔”不过是在不断地抱头鼠窜、流离失所。孙权更是在嗷嗷待哺的婴幼儿时代。曹操认为今天的荣誉地位是自己从战场上拼来的，当之无愧。现在你们指责我“托名汉相，实为汉贼”，“欲废汉自立久矣”，让我交权，一旦我把权力交出来，你们一定会趁虚而入、取而代之，那时大汉王朝才是真的不保了。

鲁迅先生曾评价曹操“胆子很大，文章从通脱得力不少，做文章时又没有顾忌，想写的便写出来”，这篇文章无疑是很好的代表。作为一篇政治性文章，可以说它是力道十足，而这力道并不来自于高超的用典，也不来自于华美的文字，甚至不来自于犀利的论辩，而来自于曹操作为一个卓越的政治家难能可贵地表露在字里行间的真诚。

心诚则灵，《述志令》明确指出，曹操不会放弃手中的权力，而且还要用手中的权力继续征战，继续着他统一天下的终生梦想。

成功之道

真诚总是最有力量的

众所周知，《孙子兵法》是我国兵家经典。据本人来看，这部经典兵书的核心要义就是那一个字：诈！这部兵书也被广泛用于战争以外的领域，千百年来造成了许多人，包括一些成功人士这样的误解：成功的人，必须狡诈，铸就外热内冷的“政治家品格”。但事实并非如此，诈术的使用是有明确界限的，如果把它扩展到方方面面，占据原本属于真诚的全部“领地”，就无异于缘木求鱼、弄“巧”成拙。我们必须明白，并非“坏”人才能成功，真诚往往才是决定一个人成败的撒手锏。“诚者，天之道也。”

2. 活用离间之计

赤壁之战，曹操遭受了空前的惨败，二十余万兵马损失殆尽不说，周瑜、刘备的军队还在乘胜向荆州地区推进。战后的建安十四年和十五年，周瑜击败曹操的留守大将曹仁，攻克荆州重镇江陵；刘备向南发展，顺利取得了荆州南部的桂阳、武陵、长沙、零陵四郡为容身之地，正在准备西进益州。三分天下的态势已见雏形。

失败北归的曹操此时尚在积蓄力量，无力再度南下。但此时，大汉帝国的西北部硝烟再起，再一次打破了官渡之战后渐趋平静的北方格局。

董卓势力消亡之后，西北部的凉州地区基本落入马腾和韩遂的手中。马、韩二人在灵帝末年十常侍之乱时同时起兵，后结为异姓兄弟，被朝廷分别册封为征西将军和镇西将军，共同统治西凉。但随着时间的推移，两股势力的摩擦日渐升级，就在官渡之战期间，韩遂最终击败马腾，把这位昔日的兄弟赶到了许都寻求庇护。此时，中央的实际控制者曹操为了控制西北，充当了马、韩二人的调解员，以天子的名义，封马腾为卫尉（职掌宫廷宿卫的九卿之一），封马腾的儿子马超为偏将军，留在西凉，统领父亲的余部。

马腾任职卫尉，就发生在建安十三年，可以说此举是曹操在南下荆州之前对西北格局的安排，即稳定后方的举措。在孙刘联军分析曹操南下的隐患时，诸葛亮和周瑜都曾指出，西部马、韩两股势力可能会在曹操背后插一刀。但直至赤壁之战结束，这个所谓的“隐患”并未真正发作。

当然，如果你认为诸葛亮、周瑜确实料事如神，说这个“隐患”最终发作了，也不能说错。因为在曹操于赤壁败北后，孙刘两军在荆州攻势凌厉的建安十六年（公元211年），看准时机的马超、韩遂，最终不顾此时身在邺城的马腾的死活，趁曹操派兵征讨汉中张鲁的当口（他们认为曹操征讨张鲁的军事行动是假道伐虢），突然起十余万西凉军反叛，一举攻克西都长安，又拿下了东都洛阳的最后屏障——潼关。

审时度势是兵家必须恪守的一种战术，而且是否善于审时度势也是衡量一个将领素质的重要标准。敌国还没混乱，要攻取它则必劳而无功；敌国局势已经混乱而不乘机攻取，便是坐失良机。

同年七月，曹操再度披上了战甲，亲自率兵出征潼关，讨伐马超、韩遂。这里要说一下，马超斗许褚的一场恶战是小说家编出来的，正史并没有明确记载。但是，马超确实是一员勇猛战将，潼关初战，曹操就见识了他的厉害。西凉军骁勇异常，震惊了曹操手下众多的参谋人员。曹操毕竟是曹操，他清楚地知道，战争胜负的决定性因素并不全在于士兵的勇武，而在于主帅的谋略，西凉军纵然骁勇，也不是不可战胜的。

从宏观上看，显然曹操是对的。但是当年的那场战争，马超很快给轻视勇武的曹操上了一课。八月，曹操派遣徐晃、朱灵二将渡过渭水，在河西建立营寨，准备切断东进的马超与西凉大本营间的联系，并夹击河东的马韩联军。一招得手，曹操决定梅开二度。闰八月间，曹操亲自率领主力部队沿着徐晃开辟的通路，再次渡河北进，试图彻底遮绝西凉，把马韩联军彻底困死在河东。

这一次，马超发现了曹操的意图，亲自率领万余步骑，趁曹操军队半渡之时，突然发起攻击。西凉军倚仗强弓硬弩，所射之箭多如飞蝗，亲自担任渡河殿后任务的曹操危如累卵。这时，“虎痴”许褚登场了。正如《三国演义》中所描述的，担任护卫的他搀扶曹操登船，在船工已被乱箭射死的情况下，左手高举盾牌遮护曹操，右手抄起船桨滑向北岸，展现出一名技艺超群的“特工”人员的优良素质。

正在许褚独力难支之时，曹操军中校尉丁斐心生一计，放出了军中的牛马等全部牲畜。马超手下的西凉军虽然骁勇异常，可真是没见过什么世面，只顾着争夺漫山遍野的战利品，却放过了这个活捉曹操的大好良机。曹操大军顺利渡河，占据渭河河北地带。

渡河之后的曹操放缓了进攻的脚步，步步为营，把马韩联军死死地锁在关中地带，逐渐断绝他们与西凉大本营的联系。马超等人遂日渐不支，主动割河西之地向曹操求和，被曹操拒绝。九月间，曹操大军再次渡过了渭河，进逼西凉军，马超等人数次挑战，曹操仍旧高挂免战牌予以拒绝。进退维谷的马超、韩遂，再度向曹操割地请和，为表真诚他们还决定把儿子送到许都当人质，只求曹操早日退兵。

“算了吧，马超，我太知道你了，你老爹还在邺城，你都能造反，我再扣你个儿子有什么用。”正当他准备再次拒绝、彻底肃清西凉势力之时，贾诩献计，可以假意纳降，离间马超和韩遂的同盟关系，到时候再进兵会事半功倍。

“没错啊，抓住他们这种好斗的秉性！吕布能把他义父丁原、董卓都杀了，马腾、韩遂这对干兄弟也能闹得水火不容。渡河之后，我们坚守不战，不就是等待一个有利的时机吗？现在时机来了，再施离间，正在此时。”

请和之后，韩遂与曹操见了一面，这一次相谈甚欢的会面却最终葬送了十余万马韩联军。正是由于谈话气氛的融洽，激起了马超的多疑心理，他要求叔父韩遂公示所有曹操写来的信件，而这些信件中写错涂改的部分比比皆是。当然，这都出自曹操的手笔。这就是“抹书间韩遂”的故事。

结果一如曹操和大家所料：马、韩反目，曹操趁机发动攻击，乘胜收复长安；韩遂西逃凉州，马超投奔汉中张鲁，西凉也彻底平定。

最后，有必要交代一下马超之父马腾的最后结局，记得上一次做这类补充交代人物结局的是刘琮。但这一次，曹操没有再次宽仁。渭南之战的第二年，留在邺城的马腾全族被杀。马超，这位后来刘备阵营中的“五虎上将”，最终用自己父亲的生命“成就”了曹操的“残忍”之名。

成功之道

节奏的变化有时也是杀招

从事体育运动的朋友应该深有体会，在比赛中，一味地猛攻往往事倍功半、劳而无功，最终甚至可能在力有不支的情况下被对手反击绝杀。快，固然能够令对手猝不及防，但自己也有可能露出破绽。性格粗犷的人，更有可能把这种隐患暴露无遗。因此，在“锻造”自己时，就不能全用“坚铁”，还要加入“精钢”“百炼钢”，有时也要化作“绕指柔”。

3. 舍我其谁？敬畏对手

建安十七年（公元212年）春，曹操彻底平定被马韩联军侵占的关中各县，留大将夏侯渊屯驻长安，自己率领大军回到了大本营邺城。这里，可以谈一下曹操大本营“转移”的问题。建安元年，曹操挟汉献帝迁都许昌，许都从此成为曹操征讨吕布、袁术等割据势力，进而决战官渡的大本营。到了官渡战胜后的建安九年（公元204年），曹操攻克冀州，上表天子，辞去兖州牧，自领冀州牧，并先后在治所邺城筑玄武池和铜雀台。邺城逐渐取代许都，成为曹操新的大本营。

在这里插入对邺城的叙述，并不是毫无用处的。因为这里有非常值得注意的一点：曹操的大本营迁到了邺城，但大汉天子汉献帝和大汉的中央政权却没有同时迁移，仍旧留在了许都。也就是说，“挟天子以令诸侯”的曹操，并不每天和天子在一起。当然，这并不代表曹操就此放弃了天子的“所有权”，因为许都仍旧在曹操势力的控制范围之内（或者不恰当地说版图之内）。天子和丞相的“分置”，无疑并不是无缘故的，可是权势日盛的曹操为什么要离开“中央”呢？

这里有一个藏在史书背后的重要原因，应该也能够从侧面反映出曹操此时的境遇。虽然仍旧能够一手遮天，且权势越来越大，但比起建安元年刚刚迎奉天子时，曹操越来越“不受欢迎”。无论在朝外，还是在朝内，越来越多的人开始认为曹操当年“奉”天子的真实目的就是今天的“挟天子”。这一点还有一个旁证，就是那篇《述志令》。诽谤之声渐多，政治上极为成熟的曹操显然不能个个“斩草除根”，只好退避三舍，干脆把手中控制天子的线放松一些，“遥控”许都的同时，到邺城构建自己的“王国”。

征讨马、韩归来，天子又赏赐（当然也很有可能是曹操自行索要）曹操三项特权：赞拜不名、入朝不趋、剑履上殿，如萧何故事。第一是觐见天子时不用通名，只报官位；第二是上朝时不用恭敬地小步快走；第三是能够带剑穿鞋上朝。这三项特权都是汉高祖刘邦赏赐给“汉初三杰”之一的宰相萧何，以示尊荣的，而这些特权的另一个获得者就是曹操戎马生涯的第一个对手——国贼董卓。

政治上收获巨大成功的曹操，再度燃起了他九合诸侯、一匡天下的统一梦，也再度激活了赤壁战后那个受挫的英雄梦。这次，他要从跌倒之处重新站起来。曹操要重下江南，再征孙权。

在战场上，胜与负这对矛盾在一定条件下会相互易位、相互转化。失败固然是件坏事，却可以激励指挥员立志变革自己、总结经验、创新战术。

建安十八年（公元 213 年），曹操号称四十万大军进军东吴新都建康以北的濡须口。在春暖花开的季节，曹操攻破了孙权设在江北的大营，生擒东吴大将公孙阳。孙权接到军报，也不敢大意，亲率七万大军，以吕蒙为都督、甘宁为先锋，凭借濡须船坞，用强弓硬弩阻止曹操渡江。此时距赤壁之战，已是整整五年。

濡须初战，结果与赤壁之战相同，仍然是“主场作战”的南军获得胜利。曹军损失数千人，退居江北，坚守不出，等待战机。

战争到此，与赤壁之战有着极为惊人的相似处。初战之后，战争陷于拉锯，孙权仍旧数次挑战，曹操都不予理睬。此战与赤壁之战的渊源还不止这些：人尽皆知的“草船借箭”，其实并没有发生在赤壁之战，而是发生在本次战役中；而主角也不是赤壁时的诸葛亮，而是濡须之战的孙权。

相持中的一日，孙权亲自乘坐战船前往曹营，探听北军的情报。月黑风高，不敢轻易出击的曹操下令，弓箭退敌。万箭齐发，孙权的战船很快射满了箭。眼看船身倾斜就要倾覆，孙权下令，调转船身，让船的另一侧受箭，待至两侧平衡后重新起锚，驶向江南。

此事在程序上与诸葛亮的草船借箭异曲同工，只不过在主观意图上，孔明是为了借箭，也是为了“保命”，而孙权是为了探敌。

同样的侦察行动，在这次战役中曾多次重复出现，担任“侦察队长”的都是南军的统帅孙权。众将摩拳擦掌，要生擒“匪首”，却总遭到曹操的拒绝，甚至连弓箭都不放了，让他看。得到“默许”的孙权就再无顾忌，把曹营水寨从里到外、从上到下地看了一遍，然后才大摇大摆地撤离。客观地讲，曹操的“怯懦”也无所谓对不对，这是因为曹操按兵不动，所以孙权前来才被“定义”为“探敌”；可若是曹操大兵齐出，孙权来此可能就变为“诱敌”了。

就是在这种情况下，曹操说出了那句举世闻名的评语：生子当如孙仲谋，刘景升儿子若豚犬耳。英雄相惜，曹操开始追慕关东盟军时的老朋友孙坚了。可惜，这位老朋友在年仅三十七岁时就不幸早逝了。“这是我曹操的幸运，若孙坚在，征战天下无疑将多一位强劲的对手；这也是我曹操的不幸，正因为孙坚早逝，他的将门虎子孙权才有幸和我这个父辈人‘并争天下’。”

这一年的孙权，三十一岁；而曹操，已经五十八岁了。看来有孙权在，终曹操一生，很可能无法实现统一梦了。悠悠苍天，此何人哉！

孙权的胆识日渐消磨着曹操此战的“势在必得”，同时增长了他的英雄相惜之心。于孙权也如此，年少老成的他在不断“挤兑”曹操的同时，也适时地给这位老前辈送来撤兵的“台阶”。这一次，他没有等待东南大风，而是主动求和，在信中说“春水方生，公宜速去”。还有这样一句，“足下不死，孤不得安”。

“足下不死，孤不得安。”这句看似不恭的话，细品起来，却是对手间的千古至诚之语，尤其包含着对对手的肯定与赞誉，英雄相惜之情尽在此矣！曹操自然是能够品出个中滋味的，他满怀兴奋地把此信送给诸将传阅，“孙仲谋，不欺我也”。欣喜之情，溢于言表。

朱熹说：“君子之心，常怀敬畏。”曹操敬畏自己的对手，并不是说他胆怯，相反，敬畏对手正是表明他正视对手的实力，不盲目自大、不目中无人。多了这一分敬畏，就能更客观地分析战争形势，从而少一分骄傲、多一些谨慎，使自己多一些致胜的机会。

成功之道

一生的对手

还记得电视剧《康熙王朝》中的千叟宴上，陈道明老师饰演的康熙大帝那段精彩的独白吗？他感谢鳌拜，感谢吴三桂，感谢噶尔丹，感谢这些他一生的对手，是他们“逼”着他才建立下这丰功伟业。“天下英雄谁敌手？曹刘。生子当如孙仲谋。”拥有一生的对手，是一笔宝贵的财富。每个拥有雄心壮志的人，都应有意识地寻找一个这样的对手：他要足够地强，能够随时砥砺自己，不断激发自己的争心血气。青梅煮酒，也是人生的一大幸事。

4. 得陇未必要望蜀

俗话讲：“知足者常乐，能忍者自安。”但这只是对常人的劝诫，所谓“贪得者虽富亦贫，知足者虽贫亦富”也只是对一般人修身养性方面的建言，但对曹操这样一个枭雄就不适用了。

赤壁之战，历来是研究三国时的一个谜题。不少学者认为，它不过就是曹操在收降东部荆州时与孙权军队偶然爆发的一场小规模遭遇战。但是，没有人会否认此战是三国时期具有里程碑意义的一个事件。正如诸葛亮战前对孙权的预言，“曹军破，必北还”，“荆吴之势强，鼎足之形成矣”。

曹操北归的日子里，孙刘联盟的势力得到了迅速提升。刘备拿下荆州南部四郡（武陵、贵阳、长沙、零陵）之后，又向自己的大舅哥（此时，孙权的妹妹已经嫁给了刘备，孙刘联盟又增添了一层姻亲的外衣）孙权“暂借”了荆州之地，打开了由夔门入川的通路，为实现诸葛亮《隆中对》的第二步西进益州，奠定了基础。

入川的时间，刘备选择在建安十六年。这个时间点的选择与曹操也不无关系。前文提到，曹操与马韩联军的渭南之战也发生在这一年。而渭南之战的起因就是曹操派大将夏侯渊增援屯兵长安的钟繇，征讨汉中的张鲁，马超、韩遂误以为此举是冲着自己来的，就挑起战火。出征汉中的仅仅是曹操部将率领的偏师，却产生了一石激起千层浪的效果，不但“逼”反了西凉的马、韩，也逼急了荆州的刘备。

因为汉中一地的战略地位太重要了，这里是汉高祖刘邦的“龙兴之地”，连通关中地带与巴蜀地区的咽喉要道，自古就是兵家的必争之地。昔日的韩信就是在这里暗度陈仓，掀起四年楚汉之争的序幕；后来诸葛亮六（数字有异议，取大众说法）出祁山，也无一例外地以汉中为跳板。赤壁之战后，曹、孙、刘三家都把益州蜀地看作下一步争夺的对象。由于孙、刘两家占据了荆州大部，扼守了从夔门入川的要冲，曹操是不可能再从东面图川了。一旦曹操大军击败张鲁，占据汉中，就能够从北部秦岭山脉南下入川，占据这块诸葛亮在《隆中对》中规划的必争的“天府之土”。

正在刘备焦急万分、坐立不安的时候，他几乎同时得到了两个令他兴奋异常的消息。其一，曹操并没有打下汉中，反而因此被马韩联军缠住，双方在渭河流域相持；其二，汉中张鲁南下攻打益州的刘璋，蜀兵不支，刘璋遣使来荆州向刘备这个宗兄（刘璋也是汉室宗亲）求救。为抓住这个天赐良机，刘备留诸葛亮、关羽等人防守荆州，自己则带着庞统、黄忠等人进军西川。

刘璋这个求援之举，无异于抱薪救火、与虎谋皮。入川的刘备很快露出了此行的真正目的，在刘璋谋士张松、法正等内奸的配合下，很快进军川西的要隘雒城。在此处，刘备遇到了较大的阻力，军师庞统中箭而死。但“暗弱”的刘璋毕竟不是刘备的对手，在诸葛亮、张飞、赵云等后续部队赶到之后，荆州军很快包围了成都。刘璋开城投降，刘备自领益州牧，三分天下的格局正式形成。这一年，是建安十九年（公元214年）。

眼见刘备在益州日益得手，曹操为什么不加以阻止呢？因为在这几年，曹操也没有闲着，先是征讨马超、韩遂的西北联军，获胜后又南下江南，再征孙权，报赤壁的一箭之仇。从濡须口饮恨北归之后，曹操才重新把目光瞄向西方。建安二十年（公元215年），曹操再征汉中张鲁，这次由他亲自率领十万大军出征。

这里要简单介绍一下曹操此行的对手——据守汉中的张鲁。此人就是五斗米道的创始人张陵，也就是道教创始人张天师的孙子。汉献帝初平年间，他作为益州刺史刘焉（刘璋之父）的部将夺取汉中，并在此割据，推广五斗米道，用政教合一的政权统治汉中。与同时期的二袁、吕布，以及曹、孙、刘等割据势力不同的是，张鲁统帅的是一支由农民组成的队伍，其基本性质更像是黄巾军，只不过他们并不像后者那样与中央政府为敌。建安年间，张鲁也曾被朝廷封为汉宁太守。

这样一支农民武装显然不是曹操的对手，收取汉中的战争进行得极为顺利。半年之间，曹军就基本拿下了汉中全境，张鲁投降，被曹操拜为镇南将军、阆中侯，带回邺城安置。

早在四年前的建安十六年，钟繇征讨汉中，刘备、诸葛亮就认为这是醉翁之意不在酒，而是想进一步攻取西川。四年后，曹操正式攻取汉中，谋士刘烨和司马懿立刻建议，趁刘备刚刚拿下蜀地，乘胜攻取，以收全功，但被曹操拒绝。“人苦于不知足，既得陇右，复欲得蜀。”这一次，他得到了陇，却没有望蜀。

应该说司马懿趁机伐蜀的理由还是充分的，因为正如他所说，此时的刘备还在江陵——他马上要与孙权开战。这也许就是曹操拒绝的理由之一。在军事上司马懿的建议显然是对的；但在政治上，曹操还有自己的考虑：他还要下一步更大的棋。

成功之道

知足者常乐

知足常乐，是中国人常说的俗语。但在今天这个竞争愈发激烈的社会里，此话往往被那些所谓“志存高远”的人所诟病。其实，知足是每个时代、每个人都必须具备的品格，它并不等同于胸无大志，而是反证着成功者对于已经获得的成功的充分认同。这种认同感是极为必要的，不但能够给人带来身心的愉悦，还能够激励自己获取下一步更大的成功。人即使再成功，也决不能是一副独孤求败的模样，必须要相信：成功与你是有感应的，当你对它麻木不仁的时候，它就会离你远去。

5. 想强大就别让对手抱团

中国人崇尚中庸之道，不偏不倚，过犹不及，即两面都要照顾到。中庸之道用于治国，则被政治家们演绎为刑赏并施、刚柔兼顾；用于军事，则被军事家们演绎为两面手腕、文武并举。曹操“拉一方，打一方”的军事智慧就体现了这一道理。

建安二十年，曹操攻下了汉中，司马懿建议大军不作停留，趁刘备现在身处江陵攻取西川。这里就有一个问题了，按照诸葛亮《隆中对》的设想，攻取西川后，刘备的大本营就从荆州迁到了益州的成都。可就在曹操进攻益州北部的门户汉中之时，刘备为什么会回到江陵？他在干什么呢？

此时的刘备马上要同孙权在江陵一带交兵。一切要从孙刘联盟的始末开始说起。赤壁之战后，三足鼎立的格局基本形成，但从曹、孙、刘三方的力量对比来看，占据北部中国的曹操仍要比其他两方强大许多。基于这种实力格局分布，在诸葛亮（刘备方面）和鲁肃（孙权方面）的斡旋之下，战时的孙刘联盟得以在战后仍然保持，并通过几个事件全面升级，双方进入“蜜月期”。

第一个事件就是“借”荆州。在赤壁大战后，三分天下的格局不单出现在整个中国，也出现在整个荆州：曹操占据汉江以北的襄阳、樊城地区；

刘备占据荆州南部武陵、桂阳、长沙、零陵四郡；周瑜则率领赤壁战胜之师攻下了曹操大将曹仁守备的重镇江陵，孙权遂占据江夏、江陵二郡。刘琦死后，孙权为了巩固孙刘联盟，上表汉献帝，奏请以刘备为荆州牧，并同意了刘备“借荆州”的请求，把江陵地区让给了刘备。

第二件事是联姻。孙权的妹妹，也就是刘备的孙夫人，就在此时嫁到了荆州，但是孙夫人所担负的任务可能远远不止和亲这么简单。在刘备率兵入川后，留在荆州的她曾经带着刘备唯一的儿子阿斗（即后主刘禅）返回江东，好在被留守的赵云“截江”夺了下来，但孙夫人却再也没有回到刘备的身边。

在孙权集团内部，按照对待刘备集团的态度，基本上可以分为“鸽派”和“鹰派”。“鸽派”以鲁肃为代表，主张竭力维持孙刘联盟，共同对抗曹操；而“鹰派”的代表人物先是周瑜，后是吕蒙，主张吃掉刘备势力，占据全部荆州，继而图川西进，与曹操划长江而治。在赤壁之战后的几年里，孙权的外交政策基本倾向于“鸽派”，因此发生了以上两个“蜜月事件”。但当刘备攻取西川，牧兼二州（荆州牧和益州牧）之后，孙权的心理天平开始失衡，伴随而来的就是政治天平开始向“鹰派”倾斜，吕蒙等主战派的对刘强硬政策开始占据上风。

刘备占领成都的第二年，即建安二十年，孙权派诸葛亮的长兄、江东集团的重要谋士诸葛瑾出使成都，与刘备商讨“归还”荆州之事。应该说孙权的这次索要还算比较客气，并没有要求刘备归还当初所“借”的江陵，因为这里扼住了川口，是刘备新形成的益州集团顺长江出川的必经之地，而是提出可以把荆州南部的一些州郡“还”给东吴。可以想象，这个“归还”方案中应该也有不少鲁肃这样的“鸽派”的影响。但即便是这样一个“带回扣”的“还款方案”，还是遭到了此时野心膨胀的刘备的托词拒绝（他要向北攻取凉州后，再行归还）。孙刘联盟的破裂，已经渐露端倪。

面对刘备的拒绝，孙权仍然心存侥幸地另生一计，直接派遣官吏去接收荆州南部的桂阳、长沙和零陵三郡，再次被此时留守荆州的关羽粗暴地赶了回去。再三碰壁的孙权忍无可忍，立刻派吕蒙领兵两万，武力收复这三个郡，给妹夫刘备点儿颜色看看。

当吕蒙顺利攻下长沙、桂阳二郡后，刘备意识到了事态的紧急，亲率五万大军下公安，派关羽率军三万攻击吕蒙，夺回二郡。战事快速升级，孙权和鲁肃很快也加入进来。鲁肃兵进益阳，助吕蒙防备关羽；孙权则亲自统兵到达陆口，对抗刘备。

这就是开篇时所说，刘备出现在江陵的这一幕。孙权、刘备，两位昔日亲密无间的盟友，就在他们曾共同抗击曹操的荆州展开对峙，大战一触即发。

此时，司马懿看到了战机，认为曹操应该趁虚而入攻取西川。曹操同样看到了“战机”，但不是得陇望蜀地攻西川，而是彻底离散此时已岌岌可危的孙刘联盟。这个离间方略，基本点就是四个字——按兵不动。

这就是三国史上极为著名的“郭嘉遗迹定辽东”计策。建安十二年，曹操携官渡战胜余威，北征乌桓。袁绍二子袁熙、袁尚兵败逃亡辽东，投奔太守公孙康。诸将主张马上进攻，郭嘉却建议曹操按兵不动，结果曹操听从了他的建议。不久之后公孙康就杀了袁氏兄弟，把他们的首级送给了曹操。

以曹操的实力，他不足以平定天下，但他善于用谋，以智取胜。他深信“上兵伐谋”这个兵家要诀，因此，当鞭长莫及时，就利用矛盾帮别人治，然后又尽力拉拢，说明利害，使联盟的一方归于自己一边，从而搭了自己的梯子。

在我强敌弱的情况下，如果恃强相逼，那么两个对手为求自保，就只能结为死党，做困兽犹斗。面对陷于死战的对手，纵然最终能够取胜，也将付出沉重的代价。试想一下，如果此时曹操进攻四川，刘备一定会方寸大乱，不惜任何代价与孙权重归于好，返回益州对抗曹操，孙刘联盟就将转危为安，继续存在下去。而如果按兵不动，只要刘备、孙权战火一开，诸葛亮、鲁肃这些具有远见卓识的外交家苦心经营多年的孙刘联盟就会彻底土崩瓦解，不复存在。苦战之后，无论谁胜谁败，都将元气大伤，那时再趁虚进攻，三分天下的格局就会被轻而易举地打破，那时才是曹操求之不得的一个战机。

想到这里，曹操兴奋了，他看到了一次比赤壁之战更好的统一良机。

成功之道

利益是联盟的最大威胁

没有永恒的朋友，也没有永恒的敌人，只有永恒的利益。曾任英国首相的本杰明·迪斯雷利的这句话，似乎是对人类外交最为经典的概括。彼此间剪不断、理还乱的利益纠葛，正是盟友关系的最大威胁。堡垒更容易由内部攻破，对手的离间之计并不是导致同盟破裂的决定性因素，利益之争才是核心。这些政治、外交原则显然是冷峻而令人心寒的，但在其他领域，特别是在日常的朋友相交之中，这种利益关系并不绝对。作为一个重视情商的人，必须相信，只有情谊能够凌驾于利益之上，要保证友谊的万古长青。

6. 借刀杀人需要真功夫

正在曹操按兵不动、隔岸观火，等待观看荆州地区的孙、刘大交兵的时候，这两个他一生的敌人最终还是没有如他所愿大打出手，而是再一次达成妥协。双方以湘水为界，东面的江夏、长沙、桂阳三郡归孙权；西面的南军（江陵）、武陵、零陵三郡归刘备。和约达成后，刘备回师成都，孙权撤兵建业，孙刘以联盟的形式继续存在下去。

这纸和约是刘备主动提出的，原因仍旧是曹操的威胁。即便是曹操打下汉中后驻足不前，没有侵占益州寸土，刘备仍然感觉到如芒在背。政治上极为敏感的他马上向孙权求和，尽早回师益州。孙权方面本就无意与刘备作战，只是想收回荆州的部分土地，保障江东上游的安全，加之鲁肃等“鸽派”人物的斡旋，也就欣然接受了这份中分荆州的和约，荆州问题暂告解决。

曹操的如意算盘就这样落空了吗？从表面上看是这样的。与征辽东那次不同，曹操的按兵不动并没有激起孙刘联盟的火并，但这次对峙却给孙刘联盟的“蜜月期”彻底画上了一个句号，孙刘两方心理上的创痕并不是中分荆州这一纸和约能够弥补的。这次握手言欢也为日后关羽之死埋下了伏笔。

这自然是后话，而在此时关羽却是整个曹操集团的噩梦。三郡划归东吴之后，关羽防备荆州的任务大大减轻了，他能够腾出更多的精力发动进攻——这本就是关羽所长，他要用进攻把割给孙权的土地从曹操手里夺回来。

建安二十四年（公元 219 年），孙权和刘备在东西两线同时向曹操发动攻势。先是刘备在汉中击败曹操，收取包括东部房陵、上庸在内的汉中全境，东川与荆州连为一体。七月，孙权进攻合肥，魏军（曹操此时已封为魏王）主力逐渐东移防守，正好给了关羽可乘之机。这位新任汉中王（刘备）帐下的前将军（刘备自立汉中王后，封关羽为前将军）留下糜芳守江陵、傅士仁守公安，自己亲率荆州军主力向北进攻曹仁防守的襄阳、樊城地区。

襄、樊告急，刚刚从汉中班师的曹操立刻派出左将军于禁和立义将军庞德南下支援，援军屯驻樊城以北，与城内曹仁守军形成掎角之势。时间转到了八月，暴雨连连，汉水猛涨。关羽久在荆州，深知这里的水文地理环境。他掘开汉水的堤坝，无论是樊城还是于禁的援军，都没能幸免，淹没在滔滔洪水之中。关羽乘势率领水军掩杀，最终于禁投降、庞德被杀，援军全军覆没。这就是“水淹七军”的故事。

洪水过后，樊城之内的守军已不足万人，城防工事也大多残破不堪，守将曹仁和城内的汝南太守满宠仍在坚守。关羽的大军在包围樊城同时，也包围了刘表时代的荆州首府襄阳。曹操委派的荆州刺史胡修等人均举手投降，驻守荆楚的官兵叛乱渐多，士兵们纷纷斩杀军官，起兵响应关羽。这位被后世誉为“武圣”的关二爷，就此“威震华夏”。

曹操感到了来自关羽的严重威胁。一旦襄樊失陷，就会产生严重的蝴蝶效应，他就会乘胜进军许都，届时如果西边的刘备和东边的孙权再度起兵，这三路大军可是着实难以招架。曹操开始动了迁都的念头：要不要把天子和中央政权先迁离许都，迁到邺城或者其他什么地方，避开关羽进攻的锋芒。

但此时，司马懿和另一位曹操晚期的重要谋士蒋济却予以反对，他们的谏言一语点醒了曹操：关羽日渐得手，不高兴的可不止您一个，还有孙权啊。还记得当年魏王您“得陇不望蜀”的谋划吗？这不正是您一直在等待的离间孙刘联盟的良机吗？您当年的谋划虽然没有立竿见影，却埋下了一颗分裂孙刘联盟的种子。现在这颗种子就要开花结果了！

曹操大喜过望，司马懿、蒋济二人的预言也很快变成了现实。此时，主张联合刘备的“鸽派”代表人物鲁肃已经去世，取代他的是一贯的“鹰派”人物吕蒙；而关羽本人对孙刘联盟的重要性也极为忽略，以致做出拒绝孙权和亲建议的行为，一句“虎女焉能配犬子”最终激怒了孙权。他立刻遣使上书，要帮助曹操从背后插关羽一刀，以解襄樊之围。

这无疑是久旱逢甘霖。曹操立刻给孙权加官进爵。至此，维持十一年之久的孙刘联盟彻底破裂，而关羽这位一代名将不但再也不可能攻克襄樊，而且他的死期也进入了倒计时。

十月，曹操亲自率兵离开洛阳，南下夹击关羽。大军未至，先期出发的援军徐晃部队就击败了关羽，荆州军南撤，襄樊解围。十一月，吕蒙率兵白衣渡江（把士兵化装成商人），巧妙地骗过沿岸烽火台上的荆州守军，一举攻占关羽的大本营江陵，并招降公安和南军守将，关羽的部下糜芳、傅士仁。一月之前还“威震华夏”的关羽，此刻已到了英雄末路。

喜爱三国的朋友，都不愿提及走麦城关羽身死那一段悲惨的往事，笔者同样如此。因为此书的主角是曹操，略过这一段也是情有可原的。次年（公元 220 年）正月，孙权斩杀了兵败被俘的关羽，曹操退兵回到洛阳，南征胜利结束。

曹操用的这一招就是“借刀杀人不见血”。当敌方动向已明时，就千方百计地诱导态度暧昧的友方迅速出兵攻击敌方，自己的主力就可避免遭受损失。借刀杀人主要是借助第三者的力量打击或消灭敌人，但借刀杀人也要有计策，对症下药，要借得准，也要杀得准。找到矛盾的重点，这种外在的力量就可以为我所用，从而保存实力，用别人的力量来达到自己的目的。

成功之道

团结他人是“革命”的主要手段

了解一些国际政治的朋友应该知道，在美国总统的内阁成员中，排在第一位的职务叫作国务卿。这个名字并不能简单地顾名思义，解释为国家总理，他的真正职权是统管外交。这十分生动地说明了外交工作的重要性。在与对手的斗争中，动用自己的力量当然无可厚非，但能够增加自己阵营的盟友而瓦解对手的同盟，更是能够把自身损耗降到最低的讨巧行为。男人在打拼事业、与人竞争时，一定要十分注意团结多数的问题，让自己“天下顺之”，令对手“亲戚叛之”，就像孟夫子所说：“君子有不战，战必胜矣。”

7.“养怡之福”也难改“盈缩之期”

襄樊之战中，曹操与昔日的敌人孙权通力合作，最终斩杀了刘备集团留守荆州的股肱大将关羽，解除了这位名将长久以来对包括许昌、洛阳在内的北部中原的威胁。在这一招精彩的“借刀杀人”之后，孙、刘两方的关系不仅是同盟彻底破裂，而且直接转为死仇。

亲如兄弟的关羽死了，刘备悲痛万分，然而比关羽之死更令这位新任汉中王伤心的是，战略要地荆州的失陷，导致了诸葛亮《隆中对》中秦川、荆州两路出兵的计划再无从实现。夺回荆州，于公于私都是刘备集团接下来的当务之急。联盟破裂后，孙、刘两方的一场主力决战已经开始酝酿。

在此情况下，孙权的天平更偏向曹操。擒杀关羽、取得荆州的孙权，被曹操封为骠骑将军，并取代刘备成为新的荆州牧。受封的孙权感恩戴德，认为自己已经在孙刘对决中获得了曹操方面的支持，遂遣使纳贡称臣，并不怀好意地劝魏王曹操自立为大魏皇帝。

孙权率先劝进，曹操手下的重臣也立刻跟进，一时之间以魏代汉、魏王登基的呼声风起云涌。但此时，晚年的曹操仍旧保持了特有的冷静，识破了孙权要把自己“架在火上烤”的险恶用心，断然拒绝诸臣的劝进，仍然坚持了他曾立过的“誓言”：“苟天命在孤，孤为周文王矣！”

这里“周文王”的比法，作为曹操的推卸之词，却因“举例不当”引起了“歧义”，甚至因此被与他不友好的史家诟病。周文王的一生广为人知，他占据了三分天下有其二的疆土，却仍旧臣服于暴虐不堪的商纣王，至死不怀异心。曹操引用此人，应该是表明自己决不篡汉的决心。

但是，“周文王”一词还可以做另一种截然相反的解释。据说，周文王活了一百岁，一百年他都是殷商王朝的忠臣。可他去世之后，取代他的周武王马上起兵，进攻商纣王，并最终取而代之，建立起西周王朝。一些历史学家对曹操的这句托词，做出这样的解释：我是不会当皇帝的，但我要学周文王奠定坚实的基础，这样一来我儿子将来就能像周武王一样建立魏国，取代大汉了。

应该说这两种解释都说得通，见仁见智，没有争论的必要。但如果从近年来愈发流行的潜意识理论来分析曹操的“周文王之说”，应该还是值得玩味的。在中国，有一个忠心辅弼幼主，纵然大权在握也不生二心，一俟幼主成年就立刻交权，毫无贪恋之心的“圣人”，历来被意在表达忠心的大臣推上前台，这个人也是周文王的儿子、周武王的弟弟，在中国传统文化中备受推崇的周公！

在众臣劝进之时，曹操最恰当的托词应该是“我做周公”，但即使他不是有意为之却脱口而出地说出了“我做文王”。如果深挖他的潜意识，应该多多少少也有第二种意思：我能，且只能保证我曹操这辈子不会称帝了，至于后世子孙，儿孙自有儿孙福，生前人管不了身后事啊！

“苟天命在孤，孤为周文王矣！”我们应该有意识地记住这句话，因为从某种意义上讲，这一句原本无心之语（最多有点潜意识），却冥冥之中成了曹操实质上的“政治遗嘱”。他最终“如愿”做了“周文王”，曹丕篡汉建立魏国后，追封父亲曹操为魏武帝。

曹操基本是在戎马倥偬中度过了自己的一生，对军旅生涯情有独钟地偏爱。从这个角度讲，他无疑还是幸运的，并没有在赤壁失败的大火中被烧死，而是以襄樊战役的胜利圆满地结束了自己征战的一生。

建安二十五年春正月，曹操率领南征大军返回洛阳，他广设祭坛，拜祭关羽——这位为他所敬重，又是他死敌的百战名将。“如果有来生，希望我曹操也能有这个荣幸，做你关羽的‘刘备’。”二月庚子（旧历二十三日），曹操也随关羽而去，终年六十六岁。

曹操生命的终点不仅在时间上，就是在地点上也极为幸运——他最终崩于洛阳。这里是少年曹操英雄梦开始的地方，也是他一生为之奋斗的大汉王朝的故都。这位奸雄的是非功过，在世间可以由后人去评说；而他的阴魂，则可以在洛阳见到光武帝等汉代先帝时理直气壮地说：“直到我曹操死前的最后一刻，我仍旧是大汉王朝的魏王、丞相，那个高高在上坐在龙座上的人依然姓刘。”

“盈缩之期，不但在天；养怡之福，可得永年。”人的寿命总有终结的一天，但是寿命的长短却有不同。人的命运不仅是天命主宰的，而且掌握在自己的手中。曹操的这首诗闪耀着辩证思想的光辉。他既承认人总是要死的，不管尊卑贵贱，总逃不出此规律，也表达了寿命长短又不是天命所定，人具有主观能动性，可以延长或缩短生命。

曹操结束了他英雄的一生，但我们向其取经的路仍要继续。人的生命有限，有限的生命可以延长，有生之年不断创造，立功、立德、立言，则人体虽与草木同朽，而事业却可以长存，甚至传之久远。

成功之道

感悟生命

从某种角度看，参加葬礼能带给参与者很多东西。一个人躺在那里，无论他生前是一位总统，还是一个平凡的普通人，都没有任何不同。人生就是这样，只有到了尘归尘、土归土的那天，才能够真正体会到什么叫作浮生若梦，什么叫作转瞬即逝。天地者，万物之逆旅；光阴者，百代之过客。理解这些生的哲学并不容易，但它与你生命中的快乐程度密不可分。当你匆忙前进时，请记住，感悟生命也是生命中的一项重要工作。

第 7 章

黑白并举，驭人有术

——学会驭人之道才能留住人才

团结人是成功的主要手段。成大事者，总是那些能够用人所长、集思广益的人。我们常常把三足鼎立的魏、蜀、吴三方看作天时、地利、人和，但实事求是地说，比之刘备，曹操似乎更能够成“人和”之美。曹魏长期据有的所谓“天时”，也正是由这“人和”而来。

1. 天下之争其实是人才之争

无论在任何时代，人才都是志在逐鹿天下者所必须争夺的重中之重。对于这一点，曹操自然也有深刻的认识。这种认识的起点可以一直追溯到中平六年，袁绍、曹操等关东十余路诸侯讨伐董卓时期。有人说了，这个时间节点并不是曹操初入仕途的时候。在熹平三年，二十岁的曹操就没有对人才的正确认识吗？

当然也有，但当时曹操仍旧是东汉帝国的一个青年官吏，他是被当作人才先后为何进、董卓等人所用的，任用人才的问题还无须曹操本人考虑。但到了讨伐董卓的时候就不同了，如何发现人才、任用人才的问题就凸显出来了。因为此时的曹操已经在事实上脱离了王朝的中央政权，准备割据一方，发展自己的势力，自己当“老板”了。

在关东盟军的大本营酸枣，曹操和袁绍有过这样一番对话。鉴于董卓的西凉军声势浩大，关东盟军此行前途未卜，袁绍向曹操发问：“如果这次的讨董行动无法成功，那我们还有什么地方可以据守呢？”曹操没有立刻做出回答，他知道袁绍此问并不是随口一说的，他一定已经有了一个基本成熟的方案，不如先听听他的。

袁绍的回答是：我向南据守黄河，向北攻取燕、代地区，再联合北方游牧民族的力量，向南与天下争雄，孟德你看这样可行吗？

在曹操回答之前，我想先插入一点比较重要的“闲话”。注意，袁绍和曹操这番谈话应该算是一次私下交谈，作为朋友之间互诉肺腑的真诚交流，而并非是为关东盟军所作的战略谋划。也就是说，袁绍拿出的这一套他已经考虑多时的战略方案，并不是让关东盟军去执行，而是在关东盟军讨董失败、他不再担任关东盟军盟主之后，自己去执行的。袁绍认为这个争霸方案十分完善，言语之间不无得意，而且他并不愿意让众人知晓这些，因此只同曹操这个总角之交和盘托出。

为什么插入这次谈话的性质？因为我们想借此说明：正因为这段谈话极为私密，它才更加高度真实可信，双方都互无猜忌，几乎不分彼此。正如前文所说，袁绍的这个方案并不是针对关东盟军，但如果从他能够对曹操讲出的潜意识入手，却可以读出袁绍的潜台词：这个完美的方案，别人是别想染指的，但你孟德是可以参与的，因为咱俩是兄弟。当然，袁绍也是言出必行的，我们可以看一看官渡之战前，袁绍集团极盛之时的势力范围，基本上就是按照这一方案构建的。也就是说，这一方案可以算作袁绍集团的政治纲领。

插入完毕，言归正传。注意，我们已经说了，袁绍前面那一番话足够真诚，也足够提纲挈领，可以作为袁绍集团的政治纲领。那么相对而言，下面曹操的这番话，也将是面对多年的好兄弟所说出的肺腑之语，且要拉到同样高度来谈，也就是曹操集团的政治纲领了。

吾任天下之智力，以道御之，无所不可。

我要用尽天下人才，用王者正道来统御他们，这样一来，就无所谓失败后到哪去发展了，在哪发展也将无往不胜！

如果说袁绍的政治纲领是争夺一块广阔富饶的土地的话，曹操的政治纲领就是争夺人才！正如孟夫子所说，“天时不如地利，地利不如人和”。这一经典论断，能够在后来袁、曹二人的大决战——官渡之战上得到完美的诠释。求仁得仁，袁绍在战前已经占据了黄河以北冀、青、幽、并四州，在土地、人口、财货方面都远远胜于对手曹操，但在大战期间先是废黜田丰、沮授，后是任许攸归曹，在地盘和人才两方面的重视程度、“临场表现”判若两人；而曹操尽管实力远不如袁绍，却能在关键时刻相信荀彧的判断，改变自己的想法，然后信任叛逃的敌方谋士许攸，还亲自率兵执行他偷袭乌巢的计划，最终一击制胜。对人才的选取、使用，最终改变了官渡战场上的实力对比，导致了曹胜袁败的结局。

当我们翻开那些尘封的史册时，经常看到这样一个现象：举凡能够建立丰功伟业的皇帝，身边总会聚集很多在后世看来“知名度”毫不逊色于他本人的功臣良将。秦皇有李斯、王翦、蒙恬，汉武有董仲舒、卫青、霍去病，唐宗有房玄龄、杜如晦、魏征、李靖……这些皇帝之所以能够成功，他们个人的雄才大略固然重要，但人才的帮扶也必不可少。

一个繁荣昌盛的王朝，其基本格局一定是“众星拱月”。极而言之，“月”都可以有阴晴圆缺，但只要有群星环绕、相映交辉，也会是迷人的星空。

大厦非一木所能撑，大业靠众人的智慧方能完成。欲成就一番事业，必须广结善交，网罗人才，为我所用。能够影响我们一生的贵人往往只有几个，当我们知道他们重要性以后，就应该在交往中更加关注这少数关键的人物，这样才能把握自己的人生。

成功之道

人才是成功的基础

从唯物主义的立场出发，一个人的智力总是有限的，江郎才尽是每个人都不愿面对却谁也逃避不了的必然趋势。即便你的智力能够如长江东去，滚滚不息，但从广度上说，受精力所限，人们也不可能学贯百家，通天彻地。因此，做一个独行剑客虽然很酷，却难以成就大事。我们决不可自恃其勇，事必躬亲，当“孤家寡人”。要知道，人才是铺就通往巅峰阶梯的最佳“材料”。

2. 封官是投人最少的留人方式

古语云：“千军易得，一将难求。”三国时期可以说英雄辈出，但真正能够为我所用的并不多。因为三国鼎立时期，孙权、刘备皆是天下英雄，刘备又是正统的刘氏后裔，那曹操又怎么与他们进行人才之争呢？

众所周知，刘备三顾茅庐，求得了问鼎天下的帮手；而曹操笼络贤良，也有自己的一套看家本事。他有五员良将——张辽、张郃、乐进、于禁和徐晃，但这些人原来都是敌军的心腹人物，而要挖掘这样的人才必须有超常的手段才行。那么，曹操有什么高明的驭人术吗？

先是恐吓和高压。在曹操眼中，要收揽非常之人，必有非常的手段。曹操收揽司马懿时就用了恐吓的手段。曹操最先收揽司马懿时，他拒不应招。曹操就命特使到司马懿家，宣称“如果他再推三阻四，就把他抓起来”。司马懿听后惊恐万分，就答应了曹操的要求，做了曹操的主簿。

曹操乃乱世枭雄，是法家思想的坚定执行者。刘备用摔孩子来收买人心，曹操却用严明律法、赏罚分明来驾驭人才。身为枭雄，曹操的争议颇多，但是在严于治军、敢于用人上，曹操确实做得很出色。

曹操用尽各种手段招贤纳士，然而用“狡诈”的方法不一定都能奏效，而且效率比较低。法家的代表人物韩非子认为，人与人的关系其实就是维系在“利益”这两个字上，所谓利益归根结底就是“利”与“害”。贤明的君王必定善于运用对“利”的“赏”和对“害”的“罚”来调动属下的积极性。

用韩非子的话来说，所谓君臣之道就是“主卖官爵，臣卖智力”。韩非子认为君臣关系的实质就是一种利害关系，即君用官位爵禄与其臣下的智谋和力量相交换，以取得臣下的拥护和支持。“封官”实际就是一种帝王的投入，以此来拉拢人才可谓是“投资最小化、收益最大化”。

在争霸初期，曹操的实力并不占优势，与袁绍的得天独厚相比，曹操的所占一隅实在不值一提。然而就是因为这样，曹操更求贤若渴，更愿意为拉拢人才而努力。韩非子说，官爵可以使人富贵，对财富和地位的追求，每一个人都不会置身其外，因为身份尊贵、长命百岁是每个人的正常欲望，即使是奇才也逃不过这人之常理，而且越是有才之人越希望有舞台来施展抱负。

纵观曹操封侯拜爵的大事，规模最大的就有：建安十二年，“大封功臣二十余人，皆为列侯，其余各以次受封”；建安十三年九月，“论荆州服从之功，侯者十五人”。曹操通过“卖官爵”，使“贤人不爱其谋，群士不遗其力”，群策群力，将属下的潜能发挥到极限。当然，曹操的官爵并不是花钱买来的，他只需要多想几个名称就行了，而将士们得到的却是真正的实权——土地和人口。如此，将士们更加奋不顾身，而统治区的扩大又提供了更多的官职爵位，吸引更多的贤士为曹操效力。这种良性循环推动着曹操的统一大业，所以曹操用最低的成本达到了最好的效果。

曹操用人的可贵之处就在于厚待部下，但凡是立有大功的官兵，均不惜重金，因而每次大战前后，将士们都士气高昂。不仅是冲锋陷阵、立有战功的武士加官进爵，连出谋划策的文士也照样封侯拜相。

建安二十年，张鲁带着家眷向曹操投降。曹操亲自出城迎接，并即刻封张鲁为镇南将军，封为阆中侯。不仅如此，连张鲁的五个儿子也都被封为列侯，还让自己的儿子曹宇娶张鲁的女儿为妻。这样的恩宠在当时已见怪不怪了，因为曹操对待任何一个有才之人都是以客礼相待。

早在曹操东征徐州的时候，因为后方的张邈和陈宫等人倒戈反叛，曹操大军十分危急，这时候多亏程昱相助才保住了鄄城、范城和东阿三城，这几座城池就成了曹操大军的根据地。程昱立了大功，曹操说："如果不是你尽力斡旋，我就没有归宿了。"于是，曹操任命程昱为东平相，屯守范城。

对待有功之人，曹操向来不吝赏赐，不但封官封地给予物质奖励，还礼贤下士，让将士们感觉非常受重视，从此他们更立功心切。随着实力的增强，曹操用更实惠的利益安抚将士。建安二十年，曹操获得了"承制封拜诸侯守相"之权，就是可以用汉献帝的名义直接封侯，任命郡守国相。这一条让曹操更放开手脚嘉奖功臣，为厚待部下提供了大好的机会。当年的十月，曹操专门设置六等七十级爵位奖赏立功的将士。

曹操通过"卖官爵"，使"贤人不爱其谋、群士不遗其力"，用最少的投入收到了最好的效果。取得别人的信任是最难的却也是至关重要的，让小利于别人，别人不仅不会因争利而与你敌对，反而会生出感激之情，信任于你，愿意跟着你。

成功之道

许以利，得助力

儒家创始人孔子曾说："富而可求也，虽执鞭之士，吾亦为之。"这话说明即使是孔夫子也是渴望名利财富的。既然如此，给他想要的，就能得到你想要的。对于曹操来说，封官进爵不过是拉拢的方式，是成本最低的手段。曹操与诸将各取所需，又何乐而不为呢？

3. 不拘一格用人才

从袁绍和曹操的对决中，我们了解了人才的重要性，但只有深入的认识，仍是远远不够的。要分辨谁是人才更需要有敏锐的洞察力，这就是用人之道的问题。曹操的用人之道，可以从他一生中所颁布的三道求贤令中初见端倪。

曹操开始意识到争夺人才的重要性是在初平三年，那时他刚刚起兵，不再是谁的部下，而是为自己征战天下。迎奉天子，征讨四方，越是实力扩大，曹操越是感到自己身边人才的缺乏。因此，他曾经三次颁布具有求贤令性质的诏令。

第一道在建安十五年，诏令就叫作《求贤令》，指出“若必廉士而后可用，则齐桓其何以霸世”。齐桓公能够称霸诸侯，是靠名相管仲的辅佐，而从管鲍之交的故事中，可以看出管仲其人是比较贪婪的。中国人往往相信“公生明，廉生威”的力量，但在曹操看来未必如此。常常偷嘴吃的猫未必不能抓老鼠，如果这猫能干，只要它的胃口不大到把家里的仓库吃光，满足它又有何妨？当然，这并不是贪官存在的合理性，只是乱世之中曹操的用人之道。曹操在这道诏令中还明确提出“唯才是举，吾得而用之”的人才观。

第二道在建安十九年，诏令名叫《敕有司取士毋废偏短令》，进一步强调“夫有行之士未必能进取，进取之士未必能有行也。陈平岂笃行？苏秦岂守信邪？而陈平定汉业，苏秦济弱燕”。陈平盗嫂的故事，历来被人们当作茶余饭后的笑料谈论，但汉高祖正是任用了这样一个“品行败坏”的人，才轻而易举地剪除了项羽手下范增、钟离眛这样的股肱之臣。苏秦亲自到齐国做“死间”，搅乱齐国，哪里是正人君子的行为？他却为燕国复仇赢得了时机。诏令继而明确指出：“士有偏短，庸可废乎？”

第三道在建安二十二年（公元 217 年），“老骥伏枥，志在千里，烈士暮年，壮心不已”的曹操，这一年已经六十三岁了。暮年的他再次发布了这道《举贤勿拘品行令》，明确指出：即便是对一些“不仁不孝而有治国用兵之术”的人，也要“各举所知，勿有所遗”。

通过三道求贤令，我们可以归纳出曹操用人之道中最核心的一条，那就是不拘一格！

曹操虽然是孝廉出身，却并不以孝廉（品行）作为选拔任用人才的唯一标准。可以说在用人方面，曹操是“唯利是图”的：只要这个人对自己的事业有帮助，那么无论这是一个什么样的人，他都会予以重用。

曹操前期的核心谋士郭嘉，就是这样一个有缺点的人才。这个郭嘉虽然屡立奇功，但在个人品行上多有不检点的地方。他多次违反曹操制定的各项法令，被曹操集团内部负责纪律检查的另一位谋士陈群多次检举揭发，甚至当众斥责。这个郭嘉倒也真有自己的脾性和风范，就像庄子《逍遥游》里所说的“举世誉之而不加劝，举世非之而不加沮”，屡教不改，依然固我。

对于郭嘉来说，这也还算正常，名士风流一点、逍遥一点，有点“派头”，也不算稀奇。但面对主管领导陈群的多次控诉，曹操的态度却一直比较暧昧，从来不处分、干预郭嘉，每次都睁一只眼闭一只眼地放过去，甚至不要求他下不为例。这种暧昧和放纵，正体现了曹操“大行不顾细谨，大礼不辞小让”的人才观。只要郭嘉能够继续进献奇谋善策，这些小节问题无关痛痒。

当然，老板的这种“暧昧”无疑更加惹怒了刚正不阿的“纪委领导”陈群，所以曹操每次也会做出一些有油滑之嫌的“和稀泥”似的嘉奖，嘉许陈群工作中的尽职尽责：下次郭嘉再犯了事，你陈群还告诉我，我来处理。这陈群恨得牙根痒痒：还真有你曹操这样当“老板”的啊！两头装好人！得了，跟你也说不清楚，知道你还用得着郭嘉，不过我还将计就计，下回还揭发他，反正只要揭发就有奖赏，我干吗不白占这便宜。

于是，陈群仍旧一次次地告状，曹操依旧暧昧，郭嘉仍然屡教不改。看似成了一个圆圈，曹操收获的却并不是无用功，而是郭嘉的忠心。名士就是这样，他在嘴上和行为上绝不会服输，但郭嘉有自己报答曹操的方式——鞠躬尽瘁，死而后已。郭嘉死后，曹操在追思这位天生奇才时说：“郭嘉身体一直不好，他知道自己是经受不住南方湿热地区的瘟疫的；但他在为我规划发展方向时，却总是说荆州是必争之地。郭嘉为我的成功，是连性命都不顾的啊！”

建安十二年，曹操听从郭嘉的建议，倍道兼行突袭乌桓，将一再战败的袁绍儿子袁熙、袁尚最终逼入辽东。继而，郭嘉又献上那个“按兵不动”的离间之计，最终兵不血刃地让二袁人头落地。北方地区至此被曹操彻底平定。从柳城班师的途中，由于水土不服，气候条件也相当恶劣，一向身体欠佳却仍旧操劳过度的郭嘉，最终患病身死。一颗三国时代前期最为璀璨的明星就此陨落，年仅三十八岁。

对于郭嘉的死，曹操痛彻骨髓。即使时过境迁，每当念及这位奇才的早逝，他仍旧难言悲痛。建安十三年，曹操在赤壁遭到惨败，失落而无助的他再次想到了郭嘉：“郭奉孝在，不使孤至此！哀哉奉孝！痛哉奉孝！惜哉奉孝！”

在《西游记》中，扶保唐僧西天取经的有三个人：孙悟空、猪八戒、沙僧。其中前两人都有明显的缺点，经常惹是生非；而沙僧则老实木讷、安守本分。但在通往西天的道路上，降妖除魔的工作主要是由猴、猪二人完成的。有本事的人总会有这样那样的缺点，但毕竟瑕不掩瑜，作为一个好“老板”，曹操深谙此道。

“不拘一格降人才”，这个“格”就是传统的标准规矩，在曹操眼中，它阻碍了人才的脱颖而出。选贤唯能，只要有才干，就可以容忍缺点。任何一个强大的君主不仅注重提升自身的智慧，更加重视凝聚众人的智慧。一个篱笆三个桩，一个好汉三个帮。如果我们能够抱着一颗选贤唯能的宽广之心，容纳他人的缺点错误，广采博纳，凡人也可能成为超人。

成功之道

海纳百川，有容乃大

在我们的惯性思维里，总要求孩子要德、智、体、美、劳全面发展，既要品德高尚，又要学有所长，还得兼顾其他兴趣爱好。事实上，这样的孩子或者说这样的人，基本是不存在的。人非圣贤，孰能无过？这个世界上怎么可能有完美的人呢？水清无鱼，人察无徒。我们必须学会用一颗包容的心对待别人，原谅他们这样那样、可以原谅的缺点错误。胸襟决定气度，气度决定成功。海纳百川，容者大成！

4. 揽非常之人要有非常手段

官渡之战后，曹操乘胜向北进击，攻占了袁绍位于河北的大本营邺城。在这里，又有大批袁绍方面的文臣武将向他投降，其中就包括陈琳。

这个陈琳，就是那个骂了曹操祖宗三代的人。建安五年，袁绍起兵，大举进攻曹操，为了师出有名，命令当时自己的“笔杆子”陈琳写就一篇讨曹檄文。这就写出了一篇千古之骂，骂曹操的（养）祖父曹腾与十常侍“并作妖孽”，父亲曹嵩“乞丐携养、因赃假位”，更把曹操从出身到迎奉天子后的作为一一骂遍。此文成为了中国古代檄文的典范，广为后世所称赞。

当然，说这篇文章好，是在文学方面，即便是在你死我活的檄文之中，动辄就骂人祖宗，总还是有辱斯文的。站在曹操的立场上，如果说他已经宽容到能够原谅世上所有人而只有一人除外，这个人无疑就是陈琳了。据说，这篇檄文当初被送到许都的时候，曹操正因头风发作而痛不欲生，但读过此文之后，大汗淋漓，头痛却痊愈了，可见此文对他的触动之深。

但即便是这样一个骂了曹操祖宗的人，曹操仍旧没有立刻千刀万剐、灭他全族，仍旧是亲自质询：你这个陈琳啊，你有文采写这么好的檄文，骂我曹操就可以了，为何还骂我祖我父？！陈琳的回答，让你不得不对常常被嘲笑为“百无一用”的文人刮目相看。这个作答十分经典：箭在弦上，不得不发耳。

好一个陈琳啊，看似是无奈、是求饶，却一语戳中了曹操心里最柔软的部分。曹操顿感欣慰：原来这样一个骂了我祖宗的人，却是我曹操真正的知己，箭在弦上，不得不发，这不就是我曹操遵循的降人之道吗？陈琳这哪里是求饶，分明是对我耳提面命嘛！这一句话已经明确地告诉我攻下冀州后，要如何对待袁绍旧部。从这点看，我始终认为曹操不但不杀陈琳，反倒任用他为司空军谋祭酒的真正原因，并不是怜悯或宽容，而是实实在在地欣赏、实实在在地“感恩”。

循着陈琳提点的这个思路，曹操又做了一件更加令人匪夷所思的事。初入冀州的他，跑到了已经因病去世的袁绍墓前，并不是因为陈琳的话点醒了他，他明白过来骂他祖宗的人并不是陈琳，而是命令陈琳骂人的袁绍，现在不是去骂还给他，而是去哭拜这位少年的盟友、后来的死敌，并且慰问袁绍的遗孀，命人予以妥善照顾。

祭奠袁绍这个故事，还被后世无论是小说、戏剧，包括今天的影视剧发挥改编，其中较为精彩的就是1994年央视版《三国演义》中的一段情节：

曹操祭奠袁绍，并不是一个人，还带着三军众将。他所带去的祭品，就是陈琳那篇檄文！回忆当年在酸枣与袁绍的那番对话后，曹操感慨万千，命陈琳当众诵读檄文，祭奠本初（袁绍的字）英灵。由于此文言辞实在激烈，念到一半，曹操的部下就听不下去了，跪拜一地，请求曹操命令陈琳住口，但曹操却一口拒绝：“念！为何不念？当年此文传至许都，我方患头风，卧病在床。此文读过，毛骨悚然，一身冷汗，不觉头风顿愈，才能自引大军二十万，进黎阳、拒袁绍，与其决一死战。真乃檄文如箭！此箭一发，却又引得多少壮士尸陈沙场，魂归西天。我曹操不受此箭，壮士安能招魂入土，夜枕青山！星光殷殷，其灿如言，不念此文，操安能以血补天哉！”

真可谓酣畅淋漓！这段演绎虽然是编剧杜撰出来的，但也十分符合曹操的性格，更把曹操招降陈琳、祭奠袁绍的真正意图揭示出来。曹操纵然狡诈，但作为政治家，他还是能够保持一种悲天悯人的深厚情怀的！这一点在《蒿里行》等诗歌创作中也有体现：怜生民之苦，惜壮士之死。正像屈子在《离骚》中所言："长太息以掩涕兮，哀民生之多艰！"有了这种情怀的领袖，无疑会"民之归之，若水之归下"。

展现了此种生生之道的曹操，在未来收复袁绍集团残存地盘的时候，再也没有遇到那么多像沮授、审配等这样宁死不降的忠贞之士。天下的子民都开始明白这样一件事：曹操和陈琳，其实是一种人。他们的本性都无异于烽火频连，争斗不断，但他们都被绑在历史的弓弦上只能应声而出。曹操的征战并不是为了战争而战，而是为了和平而战，为了安宁而战，真正的以战止战！

当然，这种认识较为深刻，并不是所有庶民百姓都能够明白的。但对于志在"为天地立心，为生民立命"的"士"这个阶层的人才，显然是足够震撼的，从此对自己老板的"小忠"（或者叫愚忠）为对天下的"大忠"所取代。于是，海纳百川，曹操集团的人才大军日渐壮大。

任用陈琳，还反映了曹操的另一种人才观。能够写就千古之骂檄文的陈琳，是"建安七子"之一，汉末的大文学家。他在曹操集团的作用，并不像荀彧、郭嘉一样，运筹帷幄，决胜千里。客观地说，荀、郭这种作用的人才是乱世中最有用的，而陈琳这样的"笔杆子"，更多的作用是在圣朝治世时颂圣祈福、粉饰太平。不过这无所谓，即便是在乱世，文人也是能够装点门面的。何况曹操一生的努力，不就是为了让天下由乱入治吗？就当是为了未来的太平治世储备人才吧。

基于这种人才观，曹操大军所过之处，除了搜寻奇谋之士，还多了另一个任务——征募名士大儒。在许都，有孔融；战胜袁绍，多了陈琳；占领荆州，又加入了王粲……依照这样的节奏，在曹操势力的不断拓展中，名闻中国古代文学史的“建安七子”先后加入了曹操的阵营，而曹操父子（曹操、曹丕、曹植）则在担任中央政权执政者的同时，成为声名显赫的“邺下文人集团”的领袖。

越是有能力的人才，越有独特的脾气、性格，不易驯服。然而这些人又是推动历史前进的关键人物，因此要尽力挖掘。在三国这样的敏感时期，大可不必拘泥于形式，“黑猫、白猫，能抓老鼠就是好猫”。用人才要不拘一格，揽人才也需“不择手段”。

成功之道

道可道，非常道

征募人才最主要的方式，可能就像曹操颁布求贤令一样，公开招聘启事，然后组织面试选拔。但人才毕竟不是土豆白菜，摆在菜市场上等你去挑，他们都是人，况且都是人中龙凤，自然有自己的坚持，有自己的志向，有自己的原则。因此，揽非常之人，就必须用非常之道，三顾茅庐这样的“招聘”方法同样可能出现在今天的社会中。作为一个团队的领袖，礼贤下士并不是什么屈辱，要知道，在三顾茅庐的故事中，诸葛亮和刘备同样都被后人传颂。

5. 能不翻脸就不翻脸

分析曹操的用人之道，一个大家熟知的名字总会被人提起，他就是关羽——这员终曹操一生都想收服，却没能收服的三国第一名将。

我们都熟悉关羽降曹的故事。官渡之战前，曹操进攻徐州，关羽那个亦兄弟、亦君臣的大哥刘备，再次展现出他“长跑将军”的本领，扔下妇孺妻儿，自己孤身跑到了青州，投靠袁绍。主帅已经逃走了，关羽防守的下邳自然也危如累卵。正当他要拼将一死、报答刘备知遇之恩的时候，曹操的劝降使者到了。

这个使者应该不是张辽，毕竟劝降这种事一般是文官干的。使者慷慨陈词，开诚布公地向关羽说明了他此时的窘境，并奉劝他不如暂且投降曹操，再打探刘备的下落。关羽勉强表示接受，并没有约三事，就投降了曹操。但曹操对关羽的喜爱，并非全是小说家的夸张，虽然不见得真有“三日一小宴，五日一大宴”“上马提襟，下马相迎”，却也真的表奏关羽为偏将军，搞得曹营众将“醋劲”十足。

对于曹操的恩典，关羽也确实是有所回报，在官渡战场上斩颜良（也许还有诛文丑），帮助曹操解白马之围。在战场上，关羽得知了刘备身在河北的消息，于是“挂印封金”，曹操也开了绿灯放行，关羽自此重归刘备帐下。这之后，曹操和关羽之间的故事一直中断了二十余年，其间曹操兵败赤壁之时，关羽并没有等在华容道上，更没有“拼将一死酬知己”，不惜违背自己所立的军令状，放曹操北归。

三分天下的格局形成后，关羽成了曹操的噩梦。他不断率领荆州军队向北进击，水淹七军，围困襄樊，威震华夏，致使曹操几次想要迁都以避关羽锋芒。当然在最后，仍旧是曹操借孙权的刀，结果了这位名将的性命。

虽然在真实的历史中，曹操和关羽的故事并没有小说家描述得那样精彩，但两人的短暂际遇却是曹操对待人才态度的一个典型案例。关羽并不是一个人，他代表着曹操对所有降将的态度。

曹操所在的时代，是一个地地道道的末世、乱世，群雄并起，逐鹿天下。在这样一个时代里，忠诚并不是一个绝对化的概念，譬如说往往被人骂作“三姓家奴”的吕布，也不能完全说他是一个彻头彻尾的小人，因为他毕竟不是一个“汉（大汉王朝）奸”。第一次他杀了丁原，可以说是奉了当时的相国董卓的命令，是为大汉帝国诛杀叛逆；第二次他又杀了董卓，更是奉了天子的诏命，除去了作恶多端的国贼。如果只论个人品性，他确实是“倒戈将军”，但如果把他作为帝国的臣子，他却始终在“革命”。

正是基于上述情况，《三国演义》这部作为“忠义英雄传”的小说，是有意通过徐晃、赵云等人之口，解释为“良禽择木而栖，贤臣择主而事”。在乱世，各方势力风起云涌，此消彼长。每个“忠臣”都可以也难以避免在忠诚于大汉王朝的大前提下，不断选择自己的“明主”，在各方势力中“跳槽”，朝秦暮楚，徐晃如此，赵云如此，甚至连以忠义名垂千古的关羽，也有过短暂降曹的经历。

作为政治家的曹操，对“跳槽”这一“社会现象”洞若观火，并且不断利用它壮大自己的力量。甚至在白门楼，如果不是刘备出言劝阻，曹操连吕布都可能会招至帐下。徐晃、庞德这些战将，就是曹操利用这一“潜规则”招降来的。甚至包括曹操的核心谋士荀彧、郭嘉等人，也曾有过效力袁绍的经历，只不过他们都看出了袁绍外强中干、难成大事，就主动投奔了曹操。

比这些主动投靠的人更能说明曹操用人之道的，还是那个我们在前面已经无数次提到的张绣。曹操的一生，有过三征张绣的经历。这名西北籍的将领是降而叛、叛而降，反复多次，甚至在这些反复中还搭上了曹操长子曹昂、爱侄曹安民、大将典韦和成千上万将士的性命。但当张绣真正要投入帐中的时候，曹操依然能够既往不咎，保持宽容。从此，曹操帐下又多了一员战将。

曹操的这种“好脾气”更体现在胜利后的宽容上。官渡战胜后，袁绍狼狈北逃，曹军缴获了袁营的全部机密信件，其中不乏大战前后曹操方面的文臣武将写给袁绍的信。竟然有人战前通敌！这还了得！曹操的手下义愤填膺，要求一一拆看录名，依法严办，但曹操予以拒绝。其实，这件事不是“竟然”，而是“果然”，他早已经料到了。“说实话，袁绍的实力确实比我强上几倍，我自己也常常害怕，更何况是这些人呢，烧了吧！”一把大火，付之一炬。

成功的政治家总是最能洞察人性。曹操为什么能够如此洒脱地既往不咎，他难道就不怕这些暗通袁绍的人在自己不备的时候从阴暗的角落里跳出来吗？没有这种可能。这些写信给袁绍的人，与其称之为叛徒，倒不如把他们定性为“骑墙派”。袁绍势强，胜算很大，他们只是想给自己先留下一条后路，这些人不是都没有像许攸来这里一样，跑去袁绍那里吗？

可以想象，这些“骑墙派”并不在少数，无论是在曹营，还是在袁绍势力中。现在曹军已经打胜了，他们自然无须再给自己留后路了；现在把这些信一烧，他们就会对曹操的宽容感恩戴德。这双管齐下，他们中的许多人从此会从“墙上”下来真正加入曹操集团，就像郭嘉那样，为曹操死而后已！

忍人之所不能忍，才能为人所不能为。处世让一步为高，退步即进步的根本；待人宽一分是福，利人是利己的根基。一味逞强好胜不是最明智的做法。忍住自己的私欲、怒火，实际上是帮助自己成就大业。曹操忍了张绣等“骑墙派”，以宽大的胸襟接纳了他们，才真正将他们从“墙上”拉下来，为自己所用。

成功之道

相逢一笑泯恩仇

世间万物，变幻无常。人的命运，并不一定都掌握在自己手中，每个人都是历史的参与者，而非决定者。正因如此，每个人都应该学会待人宽容，因为不知道什么时候，你会需要别人宽容待你。我们如果想要自己的身边胜友如云、高朋满座，就必须学会宽容，学会“渡尽劫波兄弟在，相逢一笑泯恩仇”。以心换心，宽容为你换取的一定会是超乎想象的成功！

6. 有一套团结兄弟的法术

人才有了，但是怎么把它们拧成一股绳，就成了领导者的最大难题。而在人们研究曹操的用人之道时，最常把袁绍作为参照物，把这两个少年时的兄弟放在一起对比，就能找到曹操在用人上的独到之处。

官渡之战的结局，证明了曹操在用人上是胜过袁绍的。但这种胜利并不是贯穿于方方面面的，比如说在选拔人才方面，二人就不分伯仲。曹操阵中人才济济不假，袁绍手下也是有一批人才的，就像官渡战前孔融的列举："田丰、许攸，智计之士也，为之谋；审配、逢纪，尽忠之臣也，任其事；颜良、文丑，勇冠三军，统其兵。"

由这些各方各面的人才组成的袁绍阵营应该是不可战胜的，但空有人才，而主帅不能量才使用，合理地"排列组合"，最终只能是 1+1 < 2，被敌人各个击破。譬如官渡之战中袁绍对于颜良、文丑两员大将的使用，二人勇冠三军是不假，但也确实只是"一勇之夫"，粗谋少略，只适合冲锋陷阵打先锋。而不明就里的袁绍，却硬是让他们单独统兵、攻守一处，最终被曹操算计，战死阵前，这就是袁绍在用人方面上犯的一个严重错误。

比之任用人才上的失误，袁绍在处理人才与人才之间的关系上所犯的错误则更加致命。在平衡各方关系的问题上，袁绍的不作为并不只发生在官渡战役中。早在战前，曹操的核心谋士荀彧就做出预测：袁绍手下的这些人就像是一窝刺猬，个个带刺，加上袁绍统驭无方，最终难以将它们放在一个笼子里攥成一个拳头。

事实证明，荀彧的预测惊人地准确：先是审配、逢纪等人妒忌沮授权重，向袁绍进谗言，罢免了他的兵权；然后是审配告发许攸的家人犯法，许攸一气之下带着乌巢空虚这个重要的战略情报投奔曹操；最后是因为郭图自己判断失误，又害怕判断正确的张郃、高览二将返回对质，干脆诬告他们谋反，致使在战役进行到最关键的时刻，两员股肱战将率兵降曹。

盘点一下，我们无意间挖出了官渡之战中袁绍败绩的一个决定性因素——整场战争中，袁营内部的窝里斗根本就没停过！这样一个根本没有团结可言的团队，若是能够获得胜利，那才是天方夜谭！

对于内部的分崩离析，作为统帅，袁绍的责任最大，不可推卸。没错，这些人确实有这样那样的缺点毛病，但这并不是他们不能成为一个团结的有战斗力的集体的主要原因。比之袁绍集团的分裂，曹操集团算得上是铁板一块吧，但正如前文所说，即使是曹操阵营中的核心谋士郭嘉也常常违法乱纪，并与“纪委”的主管领导陈群闹得十分不愉快。但是，因为曹操总能及时扮演救火队员的角色，二人的争端始终保持着“人民内部矛盾”这种性质，没有扩大，也没有升级。

每个人都有自己的脾气秉性，就像老百姓所说“酒逢知己千杯少，话不投机半句多”，即使在同一阵营内部，也不可能要求每个人都成为朋友。而曹操的施政纲领更是广纳贤才，多多益善，林子大了，鸟多了，不和谐的现象就难以避免了。这就要考验主帅纵横捭阖的能力了，在郭嘉、陈群的争斗上，保持“暧昧”、搞平衡就成功地化解了矛盾，但这种做法毕竟过于简单，不可能放之四海而皆准。在曹操的用人之道中，还有一套更加高深的、用于团结兄弟的法术。

趁着孙、刘两方关系紧张，曹操亲自率兵征讨位于汉中的张鲁。西征之前，他留下了张辽、李典、乐进三员大将守备合肥，抵挡东吴孙权的进攻。而这三人中，张辽和李典素来不和，考虑到己方的团结和合肥的安危，曹操未雨绸缪，留给护军薛悌一个锦囊，上书“吴军不到，不准拆开”八个字。

建安二十年八月，孙权果然趁着曹操西征的空当，亲率十万大军进攻合肥。众将依约拆开锦囊，上面有寥寥数语，记载着曹操留下的军事部署：孙权兵到，张、李二将出战，乐进守城，薛悌不得干扰作战。张辽、李典合力出战？曹丞相不会搞错了吧？谁都知道“打仗亲兄弟，上阵父子兵”的道理，这两个人平时都互相看不顺眼，还能一同上战场吗？

正在大家面面相觑的时候，张辽顿时明白了曹操的良苦用心：不是打仗亲兄弟吗？这一次，就用打仗让你们二人变成亲兄弟。作为主帅的张辽毫不迟疑，主动请缨，并提出了自己对此次合肥之战的看法：孙权这次来的是十万大军，而我们满打满算也只有七千兵马，只能暂取守势，等待丞相援兵。但在坚守之前，必须趁孙权立足未稳先打一仗，挫动吴军的锐气，这样才能保证合肥万无一失。

看到张辽的妥善谋划，乐进也立刻表态：愿随张将军迎战孙权！不对不对，张、乐出战，这不是与丞相的安排背道而驰了吗？护军薛悌心急如焚，可他也不能加以干预——薛悌闭嘴，这也是丞相的安排啊！

科学证明，高昂的情绪总是具有极强的感染力，特别是对于血气方刚的男人。面对张辽、乐进的跃跃欲试，李典再也坐不住了：既然张、乐二位将军都如此忠义，我李典又怎能因私废公呢？曹公的心意我明白了，愿随张将军出战，誓死效劳！听闻此语，张辽更加激动了：有曼成（李典的字）相助，孙权必破！

兄弟阋于墙而外御其侮，曹操明白这个道理。由于战场的险恶环境，这里是战友之情快速生长的最佳土壤。剑锋上培养出的情谊，是生死之交，用这种“袍泽之情”去化解小小的积怨，那必是手到擒来的。

合肥之战，也叫作逍遥津之战。因为张辽、李典曾在此设伏，重创孙权十万大军，连孙权本人也险些被俘——赤壁之仇竟被曹操帐下这两个素来不和的战将给报了！一战过后，张辽威震逍遥津的美名遍传天下，江东孙权集团的小儿“闻张辽之名不敢夜啼”。一战过后，吴军再也没有可能攻破合肥，一直到曹操援兵的到来。

一个锦囊化解了许久的积怨，保住了危如累卵的合肥孤城，也成就了一份剑锋中的友谊。

曹操的成功是集体智慧的体现。众人拾柴火焰高，他的成功离不开兄弟的尽心辅佐。而曹操的高明之处就在于懂得用人之长、容人之短，善于化解矛盾、利用矛盾，将手下的人凝聚在一起。

成功之道

化解矛盾也是一门艺术

唯物辩证法认为，矛盾是无处不在的。矛盾一词，并不只是冲突的对立性，还包括和谐的统一性。即使在一个团队中，这种矛盾关系也是随处可见的。作为团队领袖，必须学会不断化解矛盾、利用矛盾，使之成为团队大目标的助推器。一个好的领袖总能把矛盾控制在基本缓和的状态，使整个团队和谐运转，八仙过海、各显神通，实现优势互补，取得 1+1 ＞ 2 的良好效果。

7. “因材授任”让基业长青

随着曹操年龄的不断增长，他在选人用人方面又多了一个新的无法回避的难题，那就是选择一位新的接班人。

接班人的问题，历来都是一个极为重大的问题。它关系到如何把未尽的事业传递下去，甚至是做大做强。曹操对此问题是颇有一些经验的，这些经验来自于他四十余年看过的众多对手在这个问题上的兴亡得失。

接班人选得好，基业就能保证稳固，集团还能发展。立储一事最好的正面教材，就是江东的孙氏集团。孙坚选孙策接班就选得好，正是孙策在孙坚死后借袁术兵马过江东，打下孙氏基业。但其实孙坚并没有做出实质性的“选择”，因为当他英年早逝之时，长子孙策也只有十六岁，接班人是没有第二人选的。

但孙策选择孙权，却实实在在地展现了“选择”的艺术。孙策死于刺客刺杀后的伤情恶化，与其父孙坚一样是没有先兆的，他的选择属于临机应变。而且孙策的立嗣问题比孙坚还多了一个关键问题：他的儿子只有几岁，是不可能即位的。据说那时张昭等人预测接班孙策的应该是三弟孙翊，原因是按照中国古代皇帝继承的一个“潜规则”——“深肖朕躬”，即位的必要条件就包括新皇帝必须在各方面都像老皇帝，这个孙翊是不二人选。但孙策的选择是二弟孙权，原因与张昭等人的判断恰恰相反，选择孙权的原因是孙权和自己截然相反。攻城略地、打江山这方面，是我孙策所长；

举贤任能、守江山，二弟孙权则是行家。现在中原地区已经打乱了，我们现在的宏观战略就是守住江东，观望成败，所以我选择孙权。后来的历史证明，孙策的选择正确无比，继任者孙权保持了江东地区长期的相对稳定状态，并最终把孙策打下的江东霸业发展为帝业。

作为反面教材的则是失去江山的袁绍、刘表二人。袁绍偏爱幼子，致使本就不团结的集团内部更以立储问题为催化剂，分裂成长子袁谭和幼子袁尚两个针锋相对的势力派别，最终导致了袁绍死后的祸起萧墙，为曹操所乘，失掉了袁绍苦心经营数十年的河北基业。

袁绍犯的错误可以称为废长立幼，而刘表的错误则是迁延观望。刘表在老之将至时，仍然在立储问题上犹疑不决、摇摆不定，最终导致长子刘琦险些丧命，即位的少子刘琮在刘备、刘琦的压力下被迫投降，将刚刚接手的基业拱手让与曹操。

对于这一幕幕触目惊心的直播剧，曹操感慨非常，“生子当如孙仲谋，如刘景升儿子若豚犬耳”。选对接班人，就能够“坐断东南战未休”“天下谁能为敌手”；选错接班人，就会“总为牝晨致家累，可怜不久尽销亡”。

据说曹操一生有二十五个儿子，按照中国古代的嫡长子继承制，最应该成为曹操接班人的是长子曹昂。曹昂虽然是庶出，但自幼被曹操的原配丁夫人抚养长大，基本可算作嫡长子。但可惜，曹昂在跟随曹操征讨张绣的战斗中死在了宛城。白发人送黑发人，最无可争议的接班人就此不复存在。

另一个可能的人选，是以称象故事被今天的中小学生熟知的曹冲。但他和曹昂一样，也没活到曹操真正要立储的时候，死在了赤壁之战发生的建安十三年，年仅十三岁。

真正进入曹操晚年遴选的接班人选主要有三个人，曹丕、曹彰和曹植。三人都是曹操的第二任妻子卞夫人所生，在嫡庶的问题上起点一致。把这三个人排列在一起，是由于曹操多多少少都曾流露出对他们的喜爱，但这三人并不都是继承大位的合适人选。在这里，我们可以用“排除法”替曹操逐步选出最终的接班人。

第一个被排除的是曹彰。他的落选原因很简单，此人的志向根本就不是从政，而是像卫青、霍去病那样征战沙场，他深得曹操喜爱的原因是这个“黄须儿”的能征善战。也许在后来随着父亲对他的重用增加，曹彰隐约产生了夺嫡之心，但同临终时的孙策一样，曹操要选的也不能是一位单纯的军事统帅，曹彰是不可能成为这个接班人的。

第二个被排除的是曹植。他因为那首《七步诗》在三人中名声最大，但同曹彰的落选原因相似，曹植也不是一名专业的政治家，他更适合做邺下文人集团的领袖，而不是曹操这个魏公、大汉丞相，甚至有可能是未来魏国开国之君的接班人。也许很多人都因为喜爱曹植的才华，而更倾向于让他即位,但我们可以举出一些因为被错误“安置”而遗臭万年的可怜天子：填词的李后主，作画的宋徽宗……

最终当选的是曹丕。在文学方面，他与父亲曹操、弟弟曹植同为建安文学的代表人物；在勇武方面，他与曹彰一样弓马娴熟、深通战阵；在政治履历上，他先是跟随父亲四方征战，后是坐镇后方处理曹操领兵在外时朝中的日常事务。从方方面面来看，他最平均，通才比执一之才更适合当领袖，曹丕才是接班人的最佳人选。

从一些史书资料上能够看到，曹操晚年，确实存在丕、彰、植三人的夺嫡之争。曹丕在争夺储位人选的过程中，也确实拉拢了不少人，使用了不少不正当的手段，但这些显然都不是他顺利当选的主要原因。这个是很容易推理出来的，因为无论是曹丕，还是曹彰、曹植，他们的能力比起其父曹操根本就不在一个数量级上，尤其在使用诈术方面，三人的水平应该是与他们的年龄基本成正比的。曹丕兄弟三人相差无几，比起曹操，都是小巫见大巫。

虽然立储问题必须由自己乾纲独断、量才选择，但毕竟事关重大，曹操仍然询问了其他人的建议，其中最主要的建议来自贾诩。一日，曹操向贾诩询问世子的人选，贾诩听后就陷入了长时间的思索。冷场很久，曹操追问："文和（贾诩的字），你想了这么半天，有答案了吗？"贾诩回答："对不起，大王，我刚刚走神了，没有思考您的问题，而是在想袁本初（袁绍）、刘景升（刘表）两个人。"

曹操心领神会，没错，不能重蹈袁、刘二人废长立幼的覆辙，就立曹丕！

建安二十二年，曹丕正式被册立为魏王世子。

建安二十五年，一代枭雄曹操身死，世子曹丕即位。同年，他逼迫汉献帝禅位，改元称帝，以洛阳为首都，建立大魏，延续四百余年的大汉王朝最终灭亡。

在确立继承人这件事情上，曹操显然是花了心思的。虽然最后他听从了谋臣的意见，立曹丕为接班人，但在这之前，他将三个候选人都做了比较。所谓帝王之才，不仅是征战沙场、治理朝纲，而且是刚柔并济、善御人之术。在这一点上，曹丕无疑是魁首。

成功之道

量才使用是用人的关键

闻道有先后，术业有专攻，这是每个人都有的特性，优秀的人才也不例外。因此，把适当的人放在适当的岗位上，就是一个团队领袖必须要做的事。让猫去抓老鼠，让狗去看家，这样每个人才能够最大限度地施展自己的才华，整个团队才能形成最大程度的合力。选拔人的领导必须了解，而作为人才，被选拔的人同样如此，做真正适合自己的事，才能充分发挥自己的价值，无须抱怨、无须嫉妒。